Alphaplus

Basiskurs
Deutsch als Zweitsprache

Handreichungen
für den Unterricht

von Peter Hubertus und Vecih Yaşaner

Cornelsen

Alphaplus

Basiskurs
Deutsch als Zweitsprache

Handreichungen für den Unterricht

Im Auftrag des Verlages erarbeitet von Peter Hubertus, Vecih Yaşaner sowie Andrea Mackensen
In Zusammenarbeit mit der Redaktion: Andrea Mackensen, Regin Osman (Mitarbeit)
Redaktionelle Zusammenarbeit: Verena Dreißig

Illustrationen: Matthias Pflügner, Josephina Mackensen (S. 13 oben, S. 16)
Layout und technische Umsetzung: Buchgestaltung +, Berlin
Umschlaggestaltung: Ungermeyer. grafische Angelegenheiten, Berlin

www.cornelsen.de

1. Auflage, 4. Druck 2015

Alle Drucke dieser Auflage sind inhaltlich unverändert und können im Unterricht nebeneinander verwendet werden.

Druck: AZ Druck und Datentechnik GmbH, Kempten

ISBN 978-3-06-020210-2

PEFC
PEFC/04-31-2260

PEFC zertifiziert
Dieses Produkt stammt aus nachhaltig bewirtschafteten Wäldern und kontrollierten Quellen.

www.pefc.de

Inhalt

Das Konzept	4
1 **Guten Tag!**	10
2 **Woher kommen Sie?**	19
Station 1	26
3 **Was machen Sie?**	27
4 **Was machen Sie gern?**	33
Station 2	39
5 **Wo wohnen Sie?**	41
6 **Wann haben Sie Zeit?**	48
Station 3	55
7 **Haben Sie Zeit?**	56
8 **Wann sind Sie geboren?**	60
Station 4	65
9 **Was darf es sein?**	66
10 **Was machen Sie jeden Tag?**	71
Station 5	75
11 **Gefällt Ihnen der Mantel?**	76
12 **Wie gefällt Ihnen die Wohnung?**	79
Station 6	82
13 **Was tut Ihnen weh?**	83
14 **Wie komme ich zum Bahnhof?**	88
Station 7	93
Kopiervorlagen	94
Beispielwörter für Laute im Türkischen und Arabischen	127

Das Konzept

1. Integrationskurse mit Alphabetisierung

Das Bundesamt für Migration und Flüchtlinge (BAMF) hat für in Deutschland lebende Migrantinnen und Migranten, die Deutsch lernen sollen und die lateinische Schrift nicht beherrschen, das Konzept für einen bundesweiten Integrationskurs mit Alphabetisierung nach § 13 Integrationskursverordnung entwickelt. Das Konzept beschreibt, wie Zuwanderer, die nicht oder nur unzureichend lesen und schreiben können und die die deutsche Sprache lernen, im Basis-Alpha-Kurs gefördert werden sollen: „... in den ersten beiden Kursabschnitten werden den Teilnehmenden grundlegendes Wissen über das lateinische Schriftsystem, elementare Kenntnisse der deutschen Sprache und erste Kompetenzen im Bereich der Lernerautonomie vermittelt." Die Vermittlung von schriftsprachlichen Kenntnissen erfolgt dementsprechend nur auf Grundlage zweitsprachlicher Kompetenzen – also auf Deutsch. Der dritte Kursabschnitt dient der Sicherung, Automatisierung und Vertiefung der bis dahin vermittelten Kenntnisse, Fähigkeiten und Fertigkeiten. Das Konzept verdeutlicht, dass die Beherrschung der Schriftsprache und grundlegende Sprachkenntnisse Voraussetzung für aktives Zusammenleben in der deutschen Gesellschaft sind und Integration ermöglichen.

Pro Kursteilnehmer/in stehen bis zu 1245 Unterrichtseinheiten (UE) zur Verfügung, um eine funktionale Alphabetisierung zu ermöglichen und gleichzeitig grundlegende Deutschkenntnisse zu vermitteln.

Das Gesamtziel der Integrationskurse ist das Niveau B1 des Gemeinsamen europäischen Referenzrahmens. Die Lernenden der Alphabetisierungskurse sollen das Niveau A2.2 erreichen, das Mindestziel für primäre Analphabeten ist das Niveau A2.1.

Der Integrationskurs mit Alphabetisierung ist wie folgt gegliedert:

Basis-Alpha-Kurs	300 UE
Aufbau Alpha-Kurs A	300 UE
Aufbau Alpha-Kurs B	300 UE
Aufbau Alpha-Kurs C	300 UE
(+ Orientierungskurs	60 UE)

Der Alphabetisierungskurs besteht dementsprechend aus 9 bzw. 12 Kursabschnitten mit jeweils 100 UE.

Die Höchstteilnehmerzahl in den Alphabetisierungskursen beträgt zwölf Lerner/Lernerinnen. Die Mindeststundenzahl pro Woche beläuft sich auf 12 UE, die Maximalstundenzahl auf 25 UE. Am Ende des Alphabetisierungskurses soll die Sprachprüfung „Deutschtest für Zuwanderer" (DTZ) abgelegt und der Orientierungskurs abgeschlossen werden.

Das Lehrwerk **Alpha plus. Basiskurs** orientiert sich am Konzept für einen bundesweiten Integrationskurs mit Alphabetisierung und am Gemeinsamen europäischen Referenzrahmen. Der Basiskurs deckt die Inhalte des Basis-Alpha-Kurses ab und führt die Lernenden bis zur Niveaustufe A1.1.

2. Heterogenität der Zielgruppe und Binnendifferenzierung

In der Erwachsenenbildung gibt es vermutlich keinen Bereich, der eine größere Heterogenität der Lerngruppen aufweist als die Alphabetisierungsarbeit mit Migrantinnen und Migranten. Die Kursteilnehmer/innen in Integrationskursen mit Alphabetisierung verfügen über sehr unterschiedliche Lernvoraussetzungen und -erfahrungen.

Es lassen sich folgende Teilgruppen unterscheiden:
1. **Primäre Analphabeten**, die keine Schule besucht haben. Ein Großteil von ihnen verfügt über keine schriftsprachlichen Vorerfahrungen (totaler Analphabetismus). Sie sind i.d.R. lernungewohnt und nehmen im Kurs zum ersten Mal an einem organisierten Lernprozess teil. Dort reflektieren sie über Sprache, Schrift und die Beziehung von sprachlichen und schriftsprachlichen Einheiten. Auch die Feinmotorik beim Schreiben von Buchstaben müssen viele erst ausbilden. Das Lerntempo dieser Teilgruppe ist meistens sehr langsam.
2. **Funktionale Analphabeten**, die in ihrer Herkunftssprache mehr oder weniger ausgebildete Lese- und Schreibkompetenzen erworben haben und ggf. über begrenzte schriftliche Kompetenzen im Deutschen verfügen.
3. **Zweitschriftlerner**, die in ihrer Herkunftssprache alphabetisiert sind, allerdings ein anderes Schriftsystem beherrschen, z. B. Arabisch. Diese Teilgruppe verfügt meist über ein hohes Lerntempo, da die Kursteilnehmer/innen lediglich ein neues Schriftsystem kennenlernen müssen.

Lernende aller drei Teilgruppen weisen unterschiedliche mündliche Sprachkompetenzen im Deutschen auf. Primäre Analphabeten, die sich auf Deutsch nicht oder kaum verständigen können, stehen vor einer doppelten Herausforderung: Der Alphabetisierungsprozess und der Erwerb mündlicher Kompetenzen in der Fremdsprache Deutsch erfolgen gleichzeitig und von Anfang an.
Aus der großen Heterogenität der Kursgruppen ergibt sich die Notwendigkeit für eine starke Binnendifferenzierung im Unterricht. **Alpha plus. Basiskurs** bietet einen Lernweg an, der für Erwachsene ohne jegliche Schrifterfahrung und ohne Deutschkenntnisse erfolgreich beschritten werden kann. Gleichzeitig bietet das Lehrwerk bei den meisten Aufgaben und Übungen Lernangebote für unterschiedlich fortgeschrittene Lerner. Auch die Zusatzmaterialien wie das Lese- und Schreibheft, das Lernportfolio, das Bildwörterbuch, Bild- und Wortkarten sowie weitere Online-Angebote erleichtern es der Kursleitung, unterschiedliche Lernausgangslagen, Lerninteressen und Lerntempi zu berücksichtigen. Insbesondere angeleitete Partner- und Kleingruppenarbeit kann für verschiedene Teilgruppen passende Lernarrangements gewährleisten. In den Erläuterungen zu den Lektionen finden Sie Hinweise, welche Varianten oder Zusatzaufgaben sinnvoll sind. Die Tipps enthalten praktische Vorschläge, wie Sie im Unterricht binnendifferenzierend arbeiten können.

3. Alpha plus. Basiskurs auf einen Blick

Das Lehrwerk enthält **14 Lektionen** und **7 Stationen**. Jede Lektion besteht aus drei kleineren in sich geschlossenen Einheiten, in denen je ein Buchstabe und ein Laut eingeführt werden. Am Ende jeder Lektion folgt die Doppelseite „Buchstaben – Laute – Silben", die die Inhalte der ganzen Lektion zusammenfasst und vertieft sowie die Ausbildung und das Training der Synthesefähigkeit in den Vordergrund stellt. In den Stationen werden jeweils zwei Lektionen wiederholt und eine wichtige Grammatikstruktur bewusst gemacht und geübt.

Lektion 1

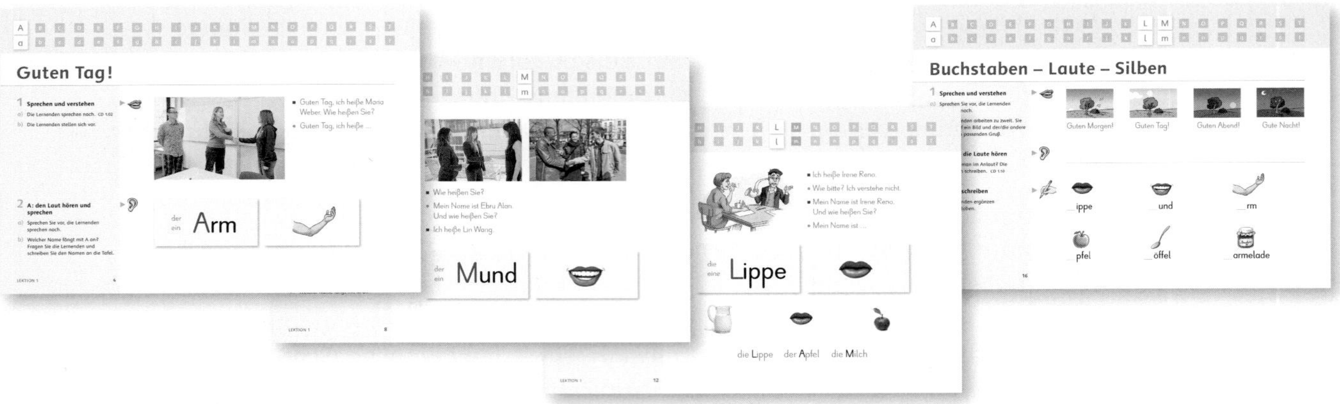

Lektion 2

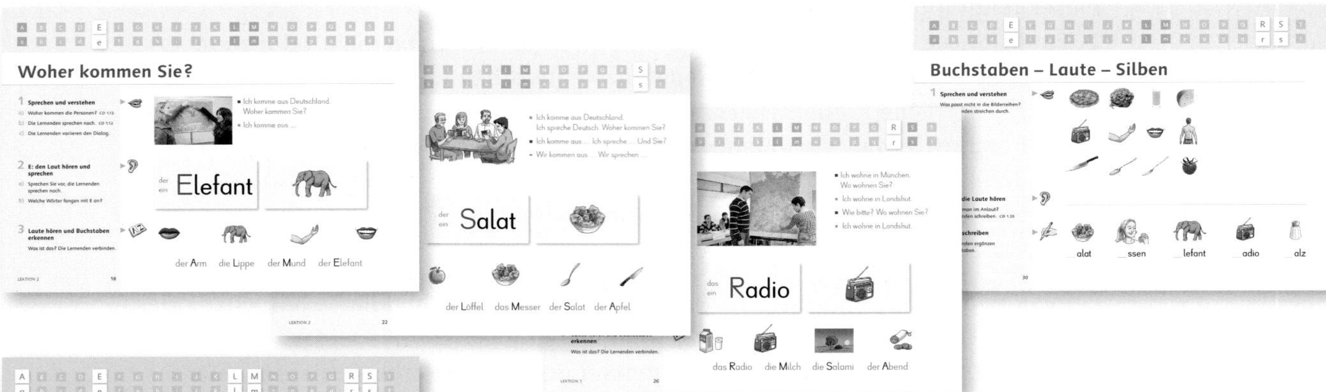

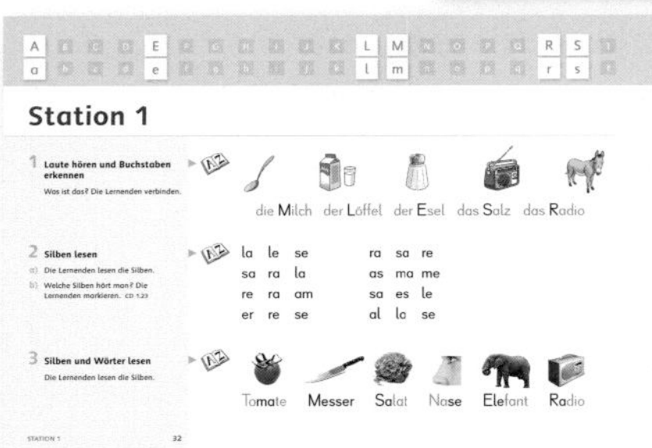

Im **Anhang** befinden sich Bildkarten zur Wiederholung und Vertiefung wichtiger Wortfelder sowie eine Buchstaben- und Lautübersicht. Die beiden integrierten **Audio-CDs** enthalten alle Hörtexte und Phonetikübungen aus dem Lehrwerk.
Das **Lese- und Schreibheft** bietet weitere zahlreiche Übungen und kurze Texte zum Lesen und Schreiben. Das Heft folgt der Progression des Lehrwerks und ist entsprechend den Lektionen gegliedert.

Weitere Zusatzmaterialien zu **Alpha plus. Basiskurs**:
Im **Lernportfolio** können die Lernenden ihren Lernfortschritt dokumentieren und eigene Arbeiten sammeln.
Die **Bild- und Wortkarten** stellen Ihnen zu 540 wichtigen und häufig verwendeten Begriffen aus dem Lebensalltag der Lernenden je eine Bild- und Wortkarte zur Verfügung. **Das Bildwörterbuch** enthält rund 850 Wörter. Die einzelnen Worteinträge sind so gestaltet, dass die Lernenden ihre Lese- und Schreibkompetzen üben und vertiefen können.
Im **Internetservice** unter www.cornelsen.de/alphaplus gibt es zahlreiche Zusatzmaterialien für den Unterricht.

4. Allgemeine didaktische Hinweise und Tipps

Das Lehrwerk **Alpha plus. Basiskurs** begleitet den Erwerb sprachlicher und schriftsprachlicher Kompetenzen in der Zielsprache Deutsch. Beide Kompetenzbereiche sind im Lehrwerk miteinander verschränkt. Zum Alphabetisierungsprozess gehört auch die Vermittlung von Zahlen und von grundlegenden mathematischen Kompetenzen. Die Kursteilnehmer/innen lernen gleichzeitig verschiedene Aufgabentypen kennen, denen sie in weiterführenden Kursen und Lehrwerken häufig begegnen werden.

4.1 Lesen und schreiben lernen

Bei der Entscheidung, in welcher Reihenfolge Buchstaben und Laute (Grapheme und Phoneme) eingeführt werden, müssen verschiedene Kriterien berücksichtigt werden, die teilweise in Konkurrenz zueinander stehen:

- Welche Buchstaben sind besonders häufig?
- Welche sind einfach zu schreiben (Feinmotorik)?
- Welche sind eindeutig und daher wenig anfällig für Verwechslungen?
- Mit welchen können schon erste Wörter gebildet werden?

Die Progression der Buchstaben erfolgt bei **Alpha plus. Basiskurs** so, dass mit einfachen und möglichst eindeutigen Buchstaben (und Lauten) begonnen wird. Dabei werden in jeweils drei Einheiten ein Vokal und zwei Konsonanten eingeführt (a/A – m/M – l/L). Von den Konsonanten werden zunächst jene behandelt, die gedehnt gesprochen werden können; Plosivlaute werden erst später berücksichtigt.

In der Kopfzeile des Lehrwerks können das Alphabet und die im Lehrwerk behandelten Buchstaben(gruppen) abgelesen werden, wobei der aktuelle Buchstabe hervorgehoben ist. Bereits eingeführte Buchstaben sind blau markiert. Die Kopfzeile dient somit zur Orientierung im Buch sowie im Lernprozess und unterstützt dabei auch die Motivation der Lernenden.

Einen Laut hören und sprechen

Jeder neu zu lernende Buchstabe wird in einem Wort präsentiert und blau hervorgehoben. Neben diesem Merkwort steht eine entsprechende Abbildung des bezeichneten Gegenstandes. Das Bild fungiert als Brücke zwischen dem Laut und dem Buchstaben: Die Lernenden können den Lautwert des Buchstabens über den Anlaut des Wortes ermitteln. Das Bild mit dem entsprechenden Merkwort, das als Vokabel gelernt werden soll, dient damit der Zuordnung von Phonemen und Graphemen. Dabei werden Vokale zunächst nur in der Hauptvariante gelernt, also z. B. als [aː], aber nicht als [a]. Lerner, die in ihrer Muttersprache nicht über alle Laute verfügen, die für das Deutsche relevant sind, haben häufig besondere Schwierigkeiten, diese zu artikulieren.

Einen Überblick über die verwendeten Abbildungen für die Merkwörter und die zugeordneten Buchstaben(gruppen) liefert im Lehrwerk die Übersicht „Laute und Buchstaben" auf Seite 216 und 217.

Einen Laut identifizieren

Am einfachsten sind Anlaute zu identifizieren. Die Kursteilnehmer/innen lernen aber auch, Laute innerhalb eines Wortes (Inlaut) oder am Wortende (Auslaut) zu identifizieren. Dazu dienen Aufgaben, in denen Laute und ihre Position im Wort erkannt werden müssen.

Wenn mehrere Buchstaben und Laute eingeführt worden sind, besteht eine besondere Herausforderung darin, ähnliche Laute voneinander zu unterscheiden. Wichtig ist auch, auf die Lautbildung (Artikulationsstelle) aufmerksam zu machen und die richtige Aussprache zu üben.

Einen Buchstaben schreiben

Bei der Einführung jedes neuen Buchstabens erklärt zuerst eine Schreibanleitung, wie die Buchstaben richtig notiert werden. Die Pfeile zeigen die Schreibrichtung. Dabei markiert der Pfeil mit Punkt, dass an dieser Stelle der Schreibprozess begonnen werden soll. Auf eine Nummerierung der Pfeile wurde verzichtet, da dies die Übersichtlichkeit eingeschränkt hätte und die Kenntnis der Zahlen sowie ihre nummerische Reihenfolge bei den Lernern nicht vorausgesetzt werden. Beim Schreibenlernen werden Hilfslinien angeboten, damit die Ober- und Unterlängen der Buchstaben erkennbar sind.

Schreibschrift wird in diesem Lehrwerk zwar berücksichtigt, doch Druckschrift „führt"; sie ist weitaus wichtiger und auch leichter zu lesen und zu schreiben. Der Erwerb der Schreibschrift ist v. a. für die Ausbildung einer eigenen Unterschrift nötig.

Einen Buchstaben identifizieren

Zu den ersten „Lese-Schritten" gehören Aufgaben, in denen die neu eingeführten Buchstaben in einer Buchstaben- und Wortreihe sowie kurzen Texten gefunden und von anderen Buchstaben unterschieden werden sollen.
Fortgeschrittene Lerner können nach der Identifizierung relativ bald versuchen, einzelne Wörter zu lesen. Die Wörter und Texte können allgemein zu einem späteren Zeitpunkt – wenn die Lernenden ausreichende Lesekompetenzen erworben haben – als Lesevorlage verwendet werden.

Schriftsprachliche Kompetenzen im Überblick

Bei der Entwicklung der schriftsprachlichen Grundlagen werden u. a. folgende Kompetenzen erworben:
- Erkennen und Unterscheiden von Lauten (Phonemen)
- Zuordnung von Phonemen und Graphemen (Phonem-Graphem-Korrespondenz)
- Schreiben von Buchstaben: Druck- und Schreibschrift, Groß- und Kleinbuchstaben
- Erkennen und Unterscheiden von Buchstaben(gruppen) (Grapheme)
- Schreiben von Silben, Wörtern und Sätzen sowie kurzen Texten
- Lautsynthese: Lesen von Silben und Wörtern
- Lesen und Verstehen von Wörtern, Sätzen und kurzen Texten (v. a. Strategien zum selektiven und zum globalen Lesen)
- Überarbeitung bzw. Selbstkorrektur von Wörtern und Texten

Orthographische Besonderheiten werden nur sehr sparsam thematisiert; explizites Regelwissen wird noch nicht vermittelt.

4.2 Mathematische Kompetenzen

In **Alpha plus. Basiskurs** werden neben schriftsprachlichen Kompetenzen auch die Zahlen vermittelt. Das Zählen sowie das Rechnen (einfaches Addieren und Subtrahieren) sind für den Alltag der Lernenden von großer Bedeutung. Sie lernen Zeit- und Datumsangaben zu verstehen, Preisangaben zu lesen und beim Bezahlen von Waren selbstständig zu handeln.

4.3 Der Erwerb der sprachlichen Mittel

Gleichwertig zur Alphabetisierung erwerben die Lernenden mit **Alpha plus. Basiskurs** sprachliche Kenntnisse und Fähigkeiten. Die Förderung der sprachlichen Kompetenzen (Sprechen und Hören) wird verschränkt mit der Vermittlung schriftsprachlicher Kompetenzen (Lesen und Schreiben). Die erworbenen Sprachmittel werden als Basis für den Erwerb schriftsprachlicher Kompetenzen genutzt.

Alltagsrelevante Dialoge am Anfang und Ende der Einheiten vermitteln und entwickeln die mündliche Sprachkompetenz. Sie dienen als Muster für Variierung und Wiederholung und bilden somit eine Grundlage für die Einübung von Sprachmitteln. Die erlernten Sprachmuster werden in ich-bezogenen Aufgaben, in denen die Lernenden eigene Erfahrungen und Interessen einbringen können, angewendet.

Die Auswahl der behandelten Themen sowie der entsprechenden Wortfelder berücksichtigt Erfahrungen und Interessen der Lernenden. Dabei werden bereits vorhandene sprachliche Vorkenntnisse einbezogen.

Ein großer Wert wird auf das Hörverstehen und die Vermittlung einfacher Hörstrategien gelegt: Das Hörverstehen wird in vielfältigen Aufgaben geübt. Dabei stehen im Vordergrund das globale und selektive Hörverstehen. Weiterhin werden wichtige Lesestrategien entwickelt. Die Lernenden werden Schritt für Schritt angeleitet, aus einfachen kurzen Texten die wichtigsten Aussagen bzw. bestimmte Informationen zu entnehmen.

Die Grammatikprogression ist sehr flach angelegt, die grammatischen Strukturen werden behutsam und anschaulich vermittelt. Neue grammatische Strukturen werden zuerst lexikalisch eingeführt und in Satz- und Dialogmustern durch verschiedene Variationen eingeübt. Auf eine Vermittlung expliziter Grammatikregeln wird größtenteils verzichtet. Nur bei den wichtigsten Strukturen werden erste Schritte bewusster Grammatikvermittlung in den „Stationen" unternommen. Dort wird den Lernenden jeweils eine Grammatikstruktur präsentiert: Zuerst wird ein Dialog mit schon gelernten Satzmustern wiederholt und variiert. Anhand dieses Dialoges kann die darin „versteckte" Struktur aufgezeigt und bewusst gemacht werden. Anschließend folgt eine Variationsaufgabe, in der diese Struktur fokussiert noch einmal geübt wird.

Ein wichtiger Bestandteil des Unterrichts – insbesondere bei Kursteilnehmer/innen mit wenig oder keiner Lernerfahrung – ist die Vermittlung verschiedener Lerntechniken und -strategien. Damit wird die Entwicklung von Lernerautonomie gefördert. Die Kursteilnehmer/innen lernen den Wortschatz zu ordnen, systematisch zu erweitern und zu Oberbegriffen zuzuordnen. Sie lernen, mit einem Partner oder in Kleingruppen zu arbeiten, eigene Übungen zu entwickeln und grafische Elemente (Schreiblinien, Tabellen) und Arbeitsanweisungen zu verstehen.

Im Folgenden finden Sie ausführliche Erklärungen, praktische Hinweise für den Unterricht und Tipps für die Binnendifferenzierung zu den einzelnen Lektionen und Aufgaben.

Die meisten Aufgabentypen, die sich im Lehrwerk befinden, werden innerhalb der Erläuterungen zu Lektion 1 beschrieben. Wenn ein neuer Aufgabentyp in einer späteren Lektion eingeführt wird, finden Sie die Erklärung an der Stelle, an der dieser Aufgabentyp zum ersten Mal vorkommt.

1 Guten Tag!

Sprechabsichten: **jemanden begrüßen; sich vorstellen; nach dem Namen fragen; bei Nichtverständnis nachfragen**

Buchstaben und Laute: **A, M, L**

Wortfelder: **Grüße, Lebensmittel**

EINHEIT: **A**

Lernziel: jemanden begrüßen und sich vorstellen
CD 1.02

1 Sprechen und verstehen

Stellen Sie sich zuerst vor. Fragen Sie dann eine/n Kursteilnehmer/in (KT)* und helfen Sie bei der Antwort. Spielen Sie anschließend den Hörtext ab. Lassen Sie die KT den Text mündlich wiederholen und ihre eigenen Namen sagen.

Stellen Sie sich dann noch einmal vor und fragen Sie einen KT nach seinem Namen. Dieser antwortet und fragt seinen Nachbarn. Der Nachbar antwortet usw.
Die Übung wird reihum fortgesetzt.

Der abgedruckte Dialog kann noch nicht gelesen werden und ist deshalb in grauer Schrift abgedruckt.

Tipp: Die KT bilden zwei Kreise – einen Innen- und einen Außenkreis – und stellen sich gegenseitig vor. Dann bewegen sich die KT eines Kreises eine Position weiter, sodass die KT immer wieder mit einem neuen Partner den Begrüßungsdialog führen können.

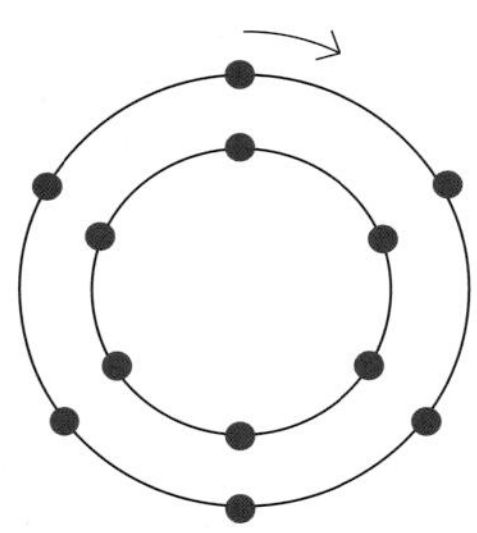

Lernziel: den Laut [a] und den entsprechenden Buchstaben kennenlernen

2 A: den Laut hören und sprechen

Bei der Einführung von Buchstaben wird der zugehörige Laut durch ein Merkwort und ein Bild veranschaulicht. Erläutern Sie zunächst die Bedeutung des Wortes „Arm“.

Die Merkwörter sollen immer zusammen mit dem Artikel gelernt werden, wobei an dieser Stelle keine Erklärung zur Verwendung der beiden Artikel gegeben werden soll.

Sprechen Sie den Laut [a] am Wortanfang betont und dann als Einzellaut. Demonstrieren Sie, dass der Mund weit geöffnet wird. Vermitteln Sie immer den Lautwert und nicht den Buchstabennamen, z. B. wird beim „m/M“ nicht der Buchstabenname [em] vermittelt, sondern der Laut [m].

* Für die weiblichen und männlichen Formen verwenden wir nur die männliche Form, da es sonst die Lesbarkeit des Textes erschweren würde.

Bei der Frage nach Namen, die mit dem Laut beginnen, sollten vorrangig Namen der Lerner berücksichtigt werden. Sie können die Namen an die Tafel schreiben und „a/A" unterstreichen. Fragen Sie anschließend die KT nach ihren Namen und schreiben Sie diese an die Tafel. Welche Namen enthalten den Buchstaben „a/A"?

Mahmud Sara Alena Sergej Amal Andrej Kaya

Tipp: Kopieren Sie die entsprechende Buchstabenkarte aus dem Lehrwerk, Seite 216 (wenn möglich etwas vergrößert) und hängen Sie sie im Kursraum auf. Bei jedem neuen Buchstaben wird die entsprechende Buchstabenkarte dazu gehängt. So haben die KT jederzeit die Buchstaben vor Augen, die bekannt sind, und Sie können die Karten zur Wiederholung verwenden.

Tipp: Lernanfängern sind die Begriffe „Wort" oder „Buchstabe" unbekannt. Hier können Sie eine erste Vorstellung davon vermitteln: Wie viele Buchstaben hat das Wort „Arm"? KT, die die Zahlwörter noch nicht beherrschen, können die Zahl mit den Fingern zeigen. Markieren Sie die einzelnen Buchstaben durch Trennstriche.

A|r|m

Lernziel: „a/A" schreiben; „a/A" in verschiedenen Schriftarten kennenlernen

3 a und A schreiben

Die KT sollten einen weichen Bleistift verwenden. Ungünstig sind Kugelschreiber und harte Bleistifte.

Zeigen Sie an der Tafel, wie die Buchstaben geschrieben werden. Der mit einem Punkt versehene Pfeil macht deutlich, wo der Schreibprozess einsetzt. Die KT können im ersten Schritt die großen schwarzen Buchstaben mit dem Zeigefinger oder einem Buntstift nachziehen. Dann sollen sie die in grauer Schrift abgebildeten Buchstaben überschreiben und schließlich ohne Vorgabe die Zeile vervollständigen. Achten Sie darauf, dass der Buchstabe so notiert wird, wie es die Pfeile andeuten. Die Hilfslinien dienen dazu, die Größenverhältnisse sowie die Ober- und Unterlängen zu beachten.

Bei lernungewohnten KT ohne Stifterfahrung sollte zunächst auf die Schreibschrift verzichtet werden. Für die Entwicklung der ersten Lese- und Schreibkompetenzen ist die Druckschrift am wichtigsten. Die Schreibschrift kann im Rahmen der Wiederholung später herangezogen werden, wenn die KT ihre Feinmotorik besser ausgebildet haben. Der Erwerb der Schreibschrift ist für die Entwicklung der eigenen Unterschrift wichtig.

Tipp: KT ohne ausreichende Feinmotorik können zuerst Aufgabe 8 und/oder die Arbeitsblätter zur Ausbildung der Feinmotorik (www.cornelsen.de/alphaplus) bearbeiten.

Das runde „a" ist die Hauptvariante in diesem Lehrwerk. Das offene „a" soll nicht geschrieben, sondern als Variante erkannt und gelesen werden.

Die Buchstabencollage auf der linken Seite zeigt Schreibvarianten in unterschiedlichen Schriftarten.

Lernziel:
den Anlaut [a] identifizieren und von anderen Lauten unterscheiden
CD 1.03

4 A: den Laut identifizieren

Die KT hören einzelne Wörter, die durch Bilder dargestellt sind, und entscheiden, ob sie am Wortanfang (= im Anlaut) den Laut [a] hören. An dieser Stelle geht es nur um den Anlaut. In späteren Lektionen steigert sich der Schwierigkeitsgrad, indem zwischen dem Anlaut (= Wortanfang), Inlaut (= im Wort) und Auslaut (= am Ende des Wortes) unterschieden werden muss.
Diese Wörter sollen nicht als Vokabel gelernt werden.

Tipp: Sollte die Aufgabe für Ihre KT zu schwer sein, können Sie zuerst unterschiedliche Laute einzeln vorsprechen. Die KT entscheiden dann, ob sie den Laut [a] hören (z. B. indem sie die Hand heben).

Tipp: Sie können die Aufgabe auch als Nachsprechübung nutzen, um die richtige Aussprache von [a] zu üben.

Hörtext: Arm – Arzt – Apfel – Mund – acht – Fuß – Abend – Ampel – Ananas – Gurke

Lernziel:
Druckbuchstaben „a/A" erkennen

5 a und A erkennen

Hier sollen die KT „a/A" in einer Buchstabenreihe, in Wörtern und in Sätzen identifizieren und markieren. Die Wörter und Sätze können von den KT noch nicht gelesen werden.

Tipp: Bringen Sie Zeitungen, Zeitschriften, Prospekte und Kataloge in den Unterricht mit. Die KT schneiden Wörter aus, die den Buchstaben „a/A" enthalten, und markieren sie. Die ausgeschnittenen Wörter kleben die KT auf ein DIN-A2-Plakat und hängen es im Kursraum an die Wand.

Tipp: Bei fortgeschrittenen KT können Sie den Text auch als Hörübung verwenden. Lesen Sie den Text laut vor und fragen Sie die KT, welche Informationen aus dem Text auf dem Foto abgebildet sind.

Lernziel:
das Wortfeld „Lebensmittel"

6 Wörter lernen

In dieser Aufgabe werden neue Wörter eingeführt, in denen der Buchstabe „a/A" vorkommt. Fragen Sie zuerst die KT, welche von den abgebildeten Lebensmitteln sie kennen. Sprechen Sie dann alle Wörter vor und zeigen auf das entsprechende Bild. Die KT sprechen nach.

Nennen Sie im nächsten Schritt eins der aufgeführten Wörter, die KT zeigen auf das entsprechende Bild.
Die KT üben anschließend zu zweit: Ein KT nennt ein Wort, der andere zeigt auf das entsprechende Bild.

Auch wenn die Wörter „Banane", „Salat", „Salz" usw. den Buchstaben „a" enthalten, ist es für Anfänger oft nicht möglich, den entsprechenden Laut innerhalb des Wortes zu identifizieren. Erst wenn sie die Identifizierung des Anlautes ausreichend beherrschen, können sie die Position des jeweiligen Lautes – Anlaut, Inlaut, Auslaut – bestimmen und unterscheiden.

Tipp: Welche weiteren Lebensmittel kennen die KT? Jeder KT zeichnet ca. zwei bis vier weitere Lebensmittel auf Kärtchen (dadurch wird die Feinmotorik der KT zusätzlich geschult). Diese werden anschließend ausgestellt und gemeinsam benannt. Zum Schluss können Sie die entsprechenden Wörter unter die Lebensmittel schreiben und die KT markieren die Buchstaben „a/A“ (s. u. *Tipp:* Wortbox).

Tipp: Bringen Sie Bildkarten mit weiteren Lebensmitteln in den Unterricht mit. Die KT bilden Gruppen zu viert: Welche Lebensmittel können Sie auf Deutsch benennen? Welche enthalten den Laut [a]?

Tipp: Wortbox: Machen Sie mit den KT für alle Lernwörter Lernkarten: Die KT schneiden aus Zeitungen und Zeitschriften passende Fotos aus oder fertigen einfache Zeichnungen zu den Wörtern an und kleben sie auf die Lernkarten. Die KT schreiben dazu – mit Ihrer Unterstützung – die entsprechenden Wörter.
Hängen Sie die neuen Lernkarten an die Wand und lassen Sie sie von den KT immer wieder neu ordnen und sortieren (z. B. nach Genus, nach Anlaut, zu bestimmten Oberbegriffen usw.). Erweitern Sie die Lernkartei mit den KT regelmäßig.

Lernziel: „a/A“ schreiben

7 Wörter schreiben

Die KT ergänzen die Buchstaben „a/A“ in den vorgegebenen Wörtern. Achten Sie dabei auf Folgendes:

- Am Wortanfang soll der Großbuchstabe und im Wort der Kleinbuchstabe verwendet werden.
- Die Proportionen der Buchstaben sollen korrekt sein. Manche Lerner notieren den Großbuchstaben „A“ in der korrekten Form, allerdings nur so hoch wie den Kleinbuchstaben „a“.
- Die Reihenfolge, wie die Buchstaben geschrieben werden, sollte korrekt sein.

Tipp: Die KT ordnen die Wörter den entsprechenden Bildern zu und „lesen“ die Wörter mithilfe der Bilder.

Lernziel: Feinmotorik ausbilden

8 Noch einmal üben

Diese Aufgabe ist v. a. für die KT relevant, die ihre Feinmotorik ausbilden müssen. Das Bild kann zusätzlich mit Buntstiften ausgemalt werden.
Weitere Arbeitsblätter zur Ausbildung der Feinmotorik finden Sie unter www.cornelsen.de/alphaplus.

Lernziel: Grußformeln bei Begrüßung und Verabschiedung unterscheiden
CD 1.04

9 Hören und verstehen

Die KT hören verschiedene Grüße und entscheiden, zu welchem Foto sie passen. Lassen Sie anschließend die KT durch den Kursraum gehen und Begrüßungs- bzw. Abschiedssituationen mit unterschiedlichen Partnern nachspielen.

Hörtext:

1. ▪ *Guten Tag, Frau Schulz!*
   • *Guten Tag, Herr Meier.*
   ▪ *Wie geht es Ihnen?*

2. ▪ *Tschüs, Thomas!*
   • *Tschüs, Petra! Und ruf an …*

EINHEIT: M

Lernziel: sich vorstellen und jemanden begrüßen
CD 1.05

1 Sprechen und verstehen

Spielen Sie die Dialoge ab. Die KT entscheiden, welcher Dialog zu welchem Foto passt. Dann sprechen sie die Dialoge nach und variieren mit eigenen Namen, wobei der abgedruckte Dialog neue Redemittel für die Vorstellung einübt. Achten Sie auf die richtige Intonation bei Fragen und Aussagesätzen.

Hörtext:

1. ▪ *Hallo, ich heiße Jetan.*
   • *Hallo, ich heiße Manu.*

2. ▪ *Wie heißen Sie?*
   • *Mein Name ist Ebru Alan. Und wie heißen Sie?*
   ▪ *Ich heiße Lin Wang.*

Lernziel: den Laut [m] und den entsprechenden Buchstaben kennenlernen

2 M: den Laut hören und sprechen

Sprechen Sie den Laut [m] am Wortanfang betont und dann als Einzellaut. Beachten Sie dabei, dass Sie nicht den Buchstabennamen [em], sondern den Lautwert [m] vermitteln. Zeigen Sie, dass die Lippen aufeinander liegen.

Tipp: Neben den Eigennamen können auch Städtenamen im In- und Ausland genannt werden.

Lernziel: den Anlaut [m] identifizieren und von anderen Lauten unterscheiden
CD 1.06

4 M: den Laut identifizieren

Tipp: Die KT nennen Wörter aus ihrer Herkunftssprache. Falls sie dazu noch nicht in der Lage sind, suchen Sie entsprechende Wörter in Wörterbüchern der Herkunftssprachen, z. B. [müdür] (türkisch für „Direktor"), [merhaba] (arabisch für „hallo"). Auf Seite 128 finden Sie eine Übersicht mit türkischen und arabischen Wörtern als Beispiele für deutsche Laute.

Hörtext: Mund – Wurst – Messer – Marmelade – Salat – Milch – Markt – Mantel – Ohr – Mann

Lernziel: Druckbuchstaben „m/M" erkennen

5 m und M erkennen

Die KT vergleichen zu zweit ihre Lösungen.

Tipp: Benutzen Sie die Wörter als Hörübung: Sprechen Sie die einzelnen Wörter vor. Die KT heben die Hand, wenn sie [m] hören. Sie können auch den Text langsam (Wort für Wort) vorlesen. Die KT sollen in beiden Fällen allerdings nicht zwischen An-, In- und Auslaut unterscheiden müssen.

Lernziel:
„m/M“ schreiben

7 Wörter schreiben

Tipp: Bei fortgeschrittenen KT können Sie die Lückenaufgabe erweitern: Lassen Sie die KT in den Wörtern „a/A“ und „m/M“ ergänzen (die einzelnen Lücken-Wörter sollten auch durch ein Bild dargestellt werden):

Lernziel:
Grußformeln bei Begrüßung und Verabschiedung unterscheiden

9 Sprechen und verstehen

Fragen Sie die KT, welche Grüße zu den beiden Bildern passen. Machen Sie den Unterschied zwischen den formellen („Guten Tag!“, „Auf Wiedersehen!“) und informellen Grußformeln („Hallo!“, „Tschüss!“) deutlich.

Tipp: Kopieren Sie die Bilder von Seite 7, 8 und 11 auf Kärtchen (pro Kärtchen ein Bild). Jeder KT bekommt ein Kärtchen. Die KT gehen durch den Kursraum, sagen halblaut vor sich hin einen zum Bild passenden Gruß und suchen einen Partner mit demselben Kärtchen.

EINHEIT: L

Lernziel:
bei Nichtverständnis nach dem Namen fragen
CD 1.07

1 Sprechen und verstehen

Spielen Sie den Hörtext ab und fragen Sie die KT, wie die Frau heißt. Die KT hören dann den Dialog noch einmal, sprechen nach und variieren mit eigenen Namen.

Lernziel:
den Laut [l] und den entsprechenden Buchstaben kennenlernen

2 L: den Laut hören und sprechen

Sprechen Sie den Laut am Wortanfang betont und dann als Einzellaut. Vermitteln Sie nicht den Buchstabennamen [el], sondern den Lautwert [l].

Lernziel:
Wörter über Bilder erschließen; Anlaute identifizieren und mit entsprechenden Buchstaben kombinieren

3 Laute hören und Buchstaben erkennen

Fragen Sie die KT, was auf den Bildern zu sehen ist. Welcher Laut ist am Wortanfang zu hören? Die KT sprechen den jeweiligen Einzellaut und schreiben den entsprechenden Buchstaben an die Tafel oder in ihr Heft.

Die KT lesen die schwarzen Anfangsbuchstaben in den Wörtern vor und verbinden anschließend die Bilder mit dem passenden Wort.

Lernziel:
den Anlaut [l] identifizieren; von anderen Lauten unterscheiden
CD 1.08

5 L: den Laut identifizieren

Tipp: Fragen Sie die KT zuerst, welche der dargestellten Wörter sie kennen. Hört man am Anfang der Wörter [l]? Spielen Sie dann den Hörtext ab, die KT kreuzen an, wo man den Anlaut [l] hört.

Hörtext: Löffel – Lippe – Hand – Lampe – Liter – Mund – Lehrer – Arm – Land – Laden

Lernziel:
das Wortfeld „Geschirr"

7 Wörter lernen

Bei Interesse der KT erweitern Sie das Wortfeld „Geschirr" mithilfe von Bildkarten.

Tipp: „Bilder raten": Die KT arbeiten in zwei Gruppen. Eine Person zeichnet einen Gegenstand (z. B. Lebensmittel oder Geschirr) an die Tafel und alle raten, was das ist. Die Gruppe, die das Wort richtig sagt, bekommt einen Punkt. Wer auch den bestimmten Artikel nennen kann, bekommt ebenfalls einen Punkt. Die Gruppe mit den meisten Punkten gewinnt.

Lernziel:
„l/L" schreiben

8 Wörter schreiben

Tipp: Bringen Sie Bildkarten mit den bisher gelernten Wörtern in den Kurs mit (pro Arbeitsgruppe einen Kartensatz). Die KT arbeiten in kleinen Gruppen. Jede Gruppe bekommt einen Kartensatz und ordnet die Karten nach Anlaut (Wörter mit [a], [m] oder [l] im Anlaut). Die Gruppen tauschen anschließend die Plätze und überprüfen die Lösung einer anderen Gruppe.

Lernziel:
regional unterschiedliche Grußformeln kennenlernen
CD 1.09

10 Hören und verstehen

Besprechen Sie mit den KT die Karte. Viele der KT sind mit Landkarten nicht vertraut. Erklären Sie, was auf dem Bild dargestellt ist (Umriss von Deutschland, Grenzen, Darstellung einiger großer Städte).

Tipp: Bringen Sie eine Weltkarte in den Unterricht mit. Zeigen Sie die Heimatländer der KT. Bei Interesse der KT können Sie die Kontinente zeigen und erklären. Besprechen Sie anschließend: Wo liegt die Stadt, in der die KT wohnen?

Spielen Sie die verschiedenen Grußformeln ab: Die KT nennen Grüße, die sie kennen. Erklären Sie, dass einige Grußformeln nur in bestimmten Teilen von Deutschland verwendet werden. Die KT sollen nicht alle Grußformeln lernen, sondern nur die, die in Ihrer Umgebung geläufig sind.

Hörtext: Grüß Gott! – Servus! – Moin moin! – Hi! – Grüß dich! – Auf Wiedersehen! – Hallo! – Guten Tag! – Tschüss!

Buchstaben – Laute – Silben

Lernziel:
Grußformeln zu verschiedenen Tageszeiten kennenlernen

1 Sprechen und verstehen

Sprechen Sie die Grüße vor. Welche Grüße kennen die KT? Wann benutzt man sie? Die KT sprechen die Grüße nach.

Lernziel:
Die Anlaute [a], [m], [l] identifizieren; Buchstaben notieren
CD 1.10

2 A, M, L: die Laute hören

Spielen Sie die Wörter zuerst einzeln ab. Die Wörter werden jeweils zweimal auf der CD gesprochen: zuerst langsam mit anschließender Pause zum Nachsprechen bzw. Schreiben und dann noch einmal im normalen Sprechtempo. Die KT wiederholen die Wörter und nennen den jeweiligen Anlaut.

Spielen Sie dann den Hörtext ein weiteres Mal ab. Die KT notieren die Anlaute.

Tipp: Nennen Sie auch weitere unbekannte Wörter mit dem Anlaut [a], [m] oder [l]. Die KT heben die jeweils entsprechende Buchstabenkarte („a/A", „m/M", „l/L").

Hörtext: Ananas – Milch – Laden – Mann – Land – Apfel

Lernziel:
Vokabeln wiederholen; Anlaute identifizieren; Buchstaben notieren

3 Wörter schreiben

Die KT benennen die Bilder zuerst mündlich. Sie identifizieren den Anlaut und notieren dann den Anfangsbuchstaben.

Tipp: Die KT arbeiten zu zweit. Jedes Paar erhält einen Kartensatz. Pro Kartensatz gibt es drei Wortkarten mit einem Wort, das mit „A", „M" oder „L" beginnt, und drei entsprechende Bildkarten. Die KT ordnen die Wortkarten den Bildkarten zu. Die Paare tauschen anschließend die Kartensätze.

Lernziel:
Druckbuchstaben in verschiedenen Schriftarten erkennen

4 Buchstaben erkennen

Die KT suchen und markieren „a/A", „m/M" und „l/L" mit unterschiedlichen Farben im Buchstabensalat. Dabei sollten sie Klein- und Großbuchstaben unterscheiden. Hier müssen die Lerner z. B. auch das offene „a" identifizieren und das „a" vom „d", das „m" vom „n" und das „l" vom „t" usw. unterscheiden.

Tipp: Lerner, die auch die Schreibschrift lernen, können die bisher eingeführten Buchstaben in Schreibschrift den Buchstaben in Druckschrift zuordnen.

Tipp: Die KT arbeiten in Gruppen. Verteilen Sie die Kopiervorlage L1/1. Jede Gruppe bekommt ein Spielfeld, einen Würfel (Kopiervorlage L1/2) und pro KT eine Spielfigur (oder z. B. eine Münze). Die KT würfeln, bewegen die eigene Spielfigur um die entsprechende Zahl der Felder und lesen den jeweiligen Buchstaben laut vor. Die anderen KT kontrollieren. Liest der KT den Buchstaben richtig, kann er seine Spielfigur dort lassen; liest er den Buchstaben falsch, geht er mit seiner Spielfigur auf die ursprüngliche Position zurück.

Lernziel:
Einzellaute zu einer Silbe synthetisieren
CD 1.11

5 Silben hören und lesen

Die Lautsynthese – das Verbinden zweier (mehrerer) Einzellaute zu einer Silbe – stellt den Anfang des Lesens dar. Dies ist für viele KT eine große Herausforderung.

Lesen Sie zunächst die Laute einzeln und gedehnt vor, erst dann die Silbe. Auch beim Lesen der Silbe soll jeder Laut gedehnt werden. Bei den Silben „al" und „am" soll der Vokal kurz gesprochen werden. Anschließend lesen die KT die Buchstaben und Silben. Die Silbenbögen bereiten auf das Erlesen ganzer Wörter vor.

Tipp: Sie können die Silben mündlich zu einem Wort ergänzen: „la" wie „Laden"; „ma" wie „Mama". Vielleicht sind Namen im Kurs vertreten, die mit den im Lehrwerk aufgeführten Silben beginnen.

Hörtext:

1. Wo hören Sie die Silbe „ma"?
Mama – Messer – malen

2. Wo hören Sie die Silbe „la"?
lesen – Lampe – Laden

Lernziel:
Wörter lesen; silbische Gliederung von Wörtern erkennen

6 Wörter lesen

Hier sind Wörter aufgeführt, die die Lerner lesetechnisch bewältigen können. Das primäre Lernziel besteht nicht darin, die Bedeutung der Wörter zu erschließen.

Tipp: Schreiben Sie an die Tafel auch künstliche Wörter (z. B. „mala") und markieren die Silben. Zur Unterstützung der silbischen Gliederung eignen sich Silbenklatschen oder Schwingübungen.

Tipp: Erklären Sie den KT die Begriffe „Buchstabe", „Silbe" und „Wort": Wie heißt der erste Buchstabe von „Amal"? Wie viele Buchstaben hat die Silbe „la"? Wie viele Silben hat das Wort „Mama"? Schreiben Sie die Wörter an die Tafel und markieren Sie, was ein Buchstabe, eine Silbe und ein Wort ist.

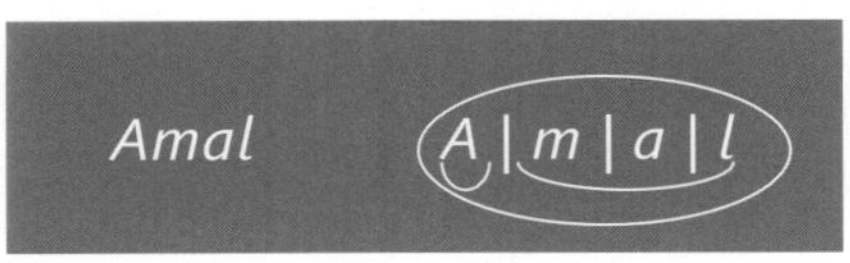

Lernziel:
Silben und Wörter nach Vorlage sowie nach Diktat schreiben
CD 1.12

7 Silben schreiben

Die KT lesen zuerst die vorgegebenen Silben. Dann schreiben sie die Silben. Achten Sie darauf, dass der Abstand der Buchstaben einer Silbe klein und der Abstand zwischen zwei Silben größer ist.

Spielen Sie den Hörtext ab. Die Silben und Wörter werden jeweils zweimal gesprochen: zuerst langsam mit anschließender Schreibpause und dann im normalen Sprechtempo. Die Groß- und Kleinschreibung kann vernachlässigt werden. Wichtig ist, dass die richtigen Buchstaben notiert werden. Der Abstand zweier Wörter muss größer sein als der zwischen den einzelnen Buchstaben.

Tipp: Lerner, die auch die Schreibschrift lernen, können die Silben und Wörter auch in Schreibschrift notieren.

Hörtext: la – ma – Mama – Lama

2 Woher kommen Sie?

Sprechabsichten: nach der Herkunft und dem Wohnort fragen; sagen, welche Sprachen man spricht; sagen, was man gern isst und trinkt

Buchstaben und Laute: E, S, R

Wortfelder: Ländernamen, Sprachen, Lebensmittel

EINHEIT: **E**

Lernziel: nach Herkunftsland fragen
CD 1.13

1 Sprechen und verstehen

Spielen Sie den Dialog ab. Woher kommen die Personen? Die KT antworten.

Tipp: Bringen Sie eine politische Weltkarte in den Unterricht mit. Die KT schreiben ihre Vornamen (ggf. mit Ihrer Unterstützung) auf ein Haftetikett. Die KT heften die Etiketten auf die Weltkarte bei dem Land, aus dem sie kommen.

Die KT sprechen dann den Dialog nach und variieren ihn. Es soll hier nicht darum gehen, dass alle KT möglichst viele Ländernamen lernen, sondern sie sollen Auskunft über das eigene Herkunftsland geben können.

Bei Ländernamen, die den bestimmten Artikel verlangen, sollen die KT, die aus einem solchen Land kommen, den ganzen Satz inklusive des Artikels auswendig lernen. Die grammatischen Regeln zur Verwendung der bestimmten Artikel bei Ländernamen sollen hier nicht erläutert werden.

Fragen Sie anschließend die KT, welche weiteren Länder sie kennen. Schreiben Sie die Länder an die Tafel. Die KT markieren alle „a/A", „m/M" und „l/L".

Deutschland Türkei Irak Marokko

Tipp: Die KT suchen auf der Weltkarte Länder, die die Buchstaben „A", „M" und „L" im Wortanfang haben.

Lernziel: den Laut [e] und den entsprechenden Buchstaben kennenlernen

2 E: den Laut hören und sprechen

Sprechen Sie den Laut [e:] gedehnt vor. Die Lautvarianten am Ende eines Wortes (z. B. „habe") sollen hier noch nicht thematisiert werden.

Tipp: Greifen Sie auf die in Aufgabe 1 an der Tafel gesammelten Ländernamen zurück. Lesen Sie diese Wörter noch einmal vor, die KT markieren den Buchstaben „e/E".

Bei der Frage nach Wörtern, die mit dem Laut [e] anfangen, können auch Wörter aus der Muttersprache der KT gesammelt werden:

Schreiben Sie deutsche Wörter, die die KT nennen, an die Tafel. Die KT unterstreichen „e/E".

Lernziel:
Wörter über Bilder erschließen; Anlaute identifizieren und mit entsprechenden Buchstaben kombinieren

3 Laute hören und Buchstaben erkennen

Tipp: Diese Aufgabe können Sie in jeder Einheit wie folgt erweitern: Die KT arbeiten zu zweit oder in kleinen Gruppen. Jedes Paar / Jede Gruppe erhält einen Kartensatz: Pro Kartensatz gibt es vier Wortkarten, wobei jeweils ein Wort mit „A", „M", „L" und „E" beginnt, sowie vier Bildkarten mit den entsprechenden Bildern. Die KT ordnen die Wortkarten den Bildkarten zu. Die Paare/Gruppen tauschen anschließend die Kartensätze.

Lernziel:
den Anlaut [e] identifizieren; von anderen Lauten unterscheiden
CD 1.14

5 E: den Laut identifizieren

Hörtext: Elefant – Lippe – Esel – Etage – Tomate – Eltern – Enkel – Arm

Lernziel:
Druckbuchstaben „e/E" erkennen

6 e und E erkennen

Tipp: Bringen Sie einen beliebigen Text mit großer Schrift in den Unterricht mit. Die KT markieren alle „e/E".

Lernziel:
sagen, was man gern isst und trinkt

7 Wörter lernen

Fragen Sie zuerst die KT, was die Personen machen. Lesen Sie die Sätze vor, die KT sprechen nach. Die KT benennen anschließend die abgebildeten Lebensmittel. Was essen und trinken die KT gern? Die KT können auch weitere Lebensmittel nennen.

Tipp: Die KT machen eine Umfrage im Kurs: „Unser Lieblingsessen/-getränk". Kopieren Sie die Tabelle (Kopiervorlage L2/1) auf eine Overhead-Folie. Jeder KT sagt, was er gern isst und trinkt und macht in der Tabelle an entsprechenden Stellen Striche.

Lernziel:
„e/E" schreiben

8 Wörter schreiben

Tipp: Nachdem die KT den Buchstaben „e" ergänzt haben, lesen Sie die Sätze vor. Die KT markieren die Wortgrenzen.

Ich | esse | gern | Pizza.

Machen Sie die KT auf die Großschreibung am Satzanfang aufmerksam und erläutern Sie, dass (Aussage-)Sätze mit einem Punkt beendet werden.

Lernziel:
sagen, was man gern isst und trinkt

10 Sprechen und verstehen

Tipp: Bringen Sie einen Werbeprospekt aus dem Supermarkt mit, auf dem Lebensmittel und Getränke abgebildet sind. Die KT erzählen, was sie gern essen und trinken.

Tipp: Lesen Sie den Text auf Seite 20 vor. Was essen Ella und Stefan zum Frühstück? Die KT markieren auf dem Bild (z. B. durch Einkreisen). Was essen und trinken die KT gern zum Frühstück?

Tipp: Jeder KT bekommt ein Arbeitsblatt (Kopiervorlage L2/1). Die KT gehen durch den Kursraum und fragen sich gegenseitig. Sie sammeln für jedes Lebensmittel eine „Unterschrift". Als Unterschrift reicht z. B. der Anfangsbuchstabe des eigenen Namens, ein Zeichen oder eine kleine Portrait-Zeichnung.

EINHEIT: **S**

Lernziel:
nach Herkunftsland und Sprache fragen
CD 1.15

1 Sprechen und verstehen

Die KT sehen sich die Illustration an. Aus welchen Ländern kommen die Personen? Die Zuordnung ist anhand der Flaggen möglich, die auf den Buchumschlägen abgebildet sind.

Spielen Sie den Dialog ab. In welcher Reihenfolge sprechen die Personen? Die KT zeigen auf die entsprechenden Personen auf dem Bild. Welche Sprachen sprechen die Personen? Die KT antworten.
Spielen Sie den Dialog noch einmal ab. Die KT sprechen nach und variieren den Dialog in Form einer Kettenübung.

Tipp: Befestigen Sie vor dem Unterricht Flaggen von den Heimatländern der KT an der Tafel. Die Flaggen können Sie z. B. aus dem Internet ausdrucken.
Die KT suchen die Flagge ihres Heimatlandes und ergänzen den eigenen Vornamen. Wenn die KT den eigenen Vornamen noch nicht schreiben können, helfen Sie ihnen dabei.

Tipp: Um die Satzstrukturen zu üben und gleichzeitig das Verständnis von Wortgrenzen zu schulen, können Sie mit Karten arbeiten:
Sprechen Sie einen Satz langsam vor (z. B. „Ich heiße Maria Weber." oder „Ich komme aus Deutschland."). Sprechen Sie jedes Wort einzeln und legen Sie für jedes Wort eine Karte.

„Ich	*heiße*	*Maria*	*Weber."*
„Ich	*komme*	*aus*	*Deutschland."*

oder

„Ich	*spreche*	*Deutsch."*

Die KT variieren die Sätze und zeigen bei jedem Wort auf die entsprechende Karte.

Lernziel:
den Laut [z] und den entsprechenden Buchstaben kennenlernen

2 S: den Laut hören und sprechen

Führen Sie den Laut zunächst nur in der stimmhaften Variante [z] ein wie bei dem Merkwort. Die stimmlose Variante wird in weiteren Aufgaben thematisiert.

Lernziel:
den Anlaut [z] identifizieren, von anderen Lauten unterscheiden
CD 1.16

5 S: den Laut identifizieren

Das stimmhafte [z] wie z. B. bei dem Wort „Salat" wird in einigen anderen Sprachen (z. B. im Türkischen) mit dem Buchstaben „z/Z" notiert. Wenn (geringe) Lese- und Schreibkenntnisse in der eigenen Muttersprache vorliegen, können hier ungünstige Interferenzen beider Sprach- bzw. Schriftsprachsysteme entstehen.

Tipp: Aufgabe für fortgeschrittene Lerner: Sprechen Sie die folgenden Wörter vor. Wo hört man [z] oder [s] im Inlaut?
„Nase – Gemüse – Käse – Tomate – Obst – Wasser – Zucker – essen – sprechen – Esel"

Hörtext: Tomate – Salat – Salz – Sahne – Salami – Mund – Saft – Obst – Supermarkt – Eltern

Lernziel:
„s/S" erkennen

6 s und S erkennen

Tipp: Lesen Sie den Text vor. Was kaufen die Personen ein? Die KT antworten.

Lernziel:
Wortfeld „Lebensmittel"

7 Wörter lernen

Tipp: Drucken Sie die Bildkarten mit bislang bekannten Lebensmitteln doppelt aus. Legen Sie alle Bildkarten verdeckt auf den Tisch. Die KT sammeln Bildpaare: Der erste KT deckt zwei Karten auf und sagt laut, was er auf den Karten sieht (möglichst mit dem bestimmten Artikel). Bilden die Karten ein Paar, nimmt der KT das Paar und deckt zwei weitere Karten auf. Bilden die Karten kein Paar, werden sie wieder verdeckt und der nächste KT ist an der Reihe. Wer am Ende die meisten Paare gefunden hat, gewinnt.

Lernziel:
„s/S" schreiben

8 Wörter schreiben

Die KT ergänzen die Buchstaben „s/S". Achten Sie darauf, dass am Wortanfang ein Großbuchstabe und im Wortinneren ein Kleinbuchstabe geschrieben werden.

Die KT versuchen mit Hilfe der Bilder die Wörter zu lesen. Bei allen Wörtern sind schon mehrere Buchstaben bekannt, sodass einzelne Silben bzw. Wortteile auch erlesen werden können.

Lernziel:
sagen, welche Sprache man spricht
CD 1.17

10 Sprechen und verstehen

Besprechen Sie zuerst mit den KT, welche Sprachen die Flaggen symbolisieren.

Tipp: Die KT wählen eine Flagge aus und führen Dialoge wie in Aufgabe 1 (S. 22).

Spielen Sie dann den Dialog ab. Die KT kreuzen die entsprechenden Flaggen an. Spielen Sie dann den Dialog noch einmal ab. Die KT sprechen nach und variieren den Dialog.

Hörtext:
- ▪ *Sprechen Sie Deutsch?*
- • *Ja, ein bisschen.*
- ▪ *Sprechen Sie Japanisch?*
- • *Nein.*
- ▪ *Welche Sprachen sprechen Sie?*
- • *Russisch und Englisch.*

EINHEIT: **R**

Lernziel:
nach dem Wohnort fragen
CD 1.18

1 Sprechen und verstehen

Bringen Sie eine DACH-Karte in den Unterricht mit. Zeigen Sie den KT die Grenzen/den Umriss von Deutschland. Fragen Sie, in welchem anderen Land Deutsch gesprochen wird. Zeigen Sie, wo die Schweiz, Österreich und ggf. Luxemburg und Liechtenstein liegen.

Tipp: Erklären Sie bei Interesse der KT, wie Städte, Flüsse, Seen und Gebirge auf der Karte dargestellt werden.

Spielen Sie den Dialog ab. Die KT antworten und suchen die Städte „München", „Landshut" – die Buchstaben für die Anlaute sind bekannt – und den eigenen Wohnort auf der Karte. Spielen Sie dann den Dialog noch einmal ab, die KT sprechen nach und variieren mit dem eigenen Wohnort.

Lernziel:
den Anlaut [r] identifizieren, von anderen Lauten unterscheiden
CD 1.19

5 R: den Laut identifizieren

Tipp: Aufgabe für fortgeschrittene Lerner: Sprechen Sie die folgenden Wörter vor. Wo hört man [r] im Inlaut?
„Esel – Brot – Paprika – wohnen – fragen – sprechen – trinken – schlafen – Fahrrad – Gurke"

Hörtext: Radio – Reis – Apfel – Rücken – Rad – Mund – Rock – Restaurant

Lernziel:
„r/R" erkennen

6 r und R erkennen

Tipp: Lesen Sie den Text langsam vor. In wie vielen Wörtern kommt der Laut [r] im Anlaut und Inlaut vor? Die KT machen jedes Mal einen Strich, wenn sie [r] hören.

Lernziel:
Wortfeld „Lebensmittel"

7 Wörter lernen

Tipp: Die KT spielen „Koffer packen". Die KT sprechen der Reihe nach:
KT 1: „Ich esse gern Brot."
KT 2: „Ich esse gern Brot mit Butter."
KT 3: „Ich esse gern Brot mit Butter und Käse."
KT 4: ...

Lernziel:
„r/R" schreiben

8 Wörter schreiben

Achten Sie darauf, dass am Wortanfang ein Großbuchstabe und im Wortinneren ein Kleinbuchstabe geschrieben werden. Die KT überprüfen ihre Lösungen mit den grauen Wörtern in Aufgabe 7a).
Anschließend versuchen sie, die Wörter zu lesen, und ergänzen die bestimmten Artikel zu den Nomen.

Tipp: Zur Wiederholung der bislang gelernten Laute und Buchstaben diktieren Sie einzelne Laute. Die KT schreiben den entsprechenden Buchstaben.
Bei fortgeschrittenen KT können Sie auch Silben oder kurze Wörter (s. Lese- und Schreibheft, S. 2) diktieren. Die KT schreiben und kontrollieren anschließend in Partnerarbeit: Ein KT liest vor, der andere vergleicht mit seinem „Text". Dann wechseln sich die KT ab.

Buchstaben – Laute – Silben

Lernziel:
Wortfelder „Lebensmittel", „Körperteile" und „Besteck" erkennen

1 Sprechen und verstehen

Lernungewohnten KT fehlt häufig das Abstraktionsvermögen, Oberbegriffe zu bilden. Es fällt ihnen schwer, z. B. Gegenstände einem Oberbegriff zuzuordnen. Diese Aufgabe soll dazu beitragen, das Verständnis dafür zu entwickeln.
Die KT benennen die Bilder. Besprechen Sie mit den KT, welche Wortfelder hier abgebildet sind. Suchen Sie mit ihnen die drei Oberbegriffe.
Die KT arbeiten zu zweit und suchen Bilder, die nicht in die jeweilige Reihe passen. Klären Sie gemeinsam mit den KT, warum die Bilder nicht in die Reihen passen.

Lernziel:
die Anlaute [e], [z] und [r] identifizieren und die entsprechenden Buchstaben notieren
CD 1.20

2 E, S, R: die Laute hören

Tipp: KT nennen Wörter mit den Anlauten [a], [m], [l], [e], [s] und [r], die anderen schreiben die entsprechenden Buchstaben. Die KT wechseln sich dabei ab.

Hörtext: Suppe – Reis – essen – Radio – Salat – Elefant

Lernziel:
Vokabeln wiederholen; Anlaute identifizieren; Buchstaben notieren

3 Wörter schreiben

Nach der Bearbeitung der Aufgabe können die KT zum ersten Mal üben, wie man anhand der gehörten Laute ein Wort schreibt:
Die KT schließen ihre Bücher. Fragen Sie die KT: „Was hören Sie am Anfang von dem Wort *Salat*?" Die KT sprechen den Laut und schreiben den Buchstaben (ein KT schreibt an die Tafel). Sprechen Sie nun die erste Silbe betont. Welcher Laut ist an zweiter Stelle zu hören? Die KT nennen den Laut und schreiben den Buchstaben. So sprechen Sie immer wieder das Wort vom Anfang an bis zum nächsten Laut, der als Buchstabe notiert wird.
Der letzte Buchstabe („t") ist noch nicht eingeführt. Aber vielleicht kennt jemand diesen bereits. Ebenso können Sie mit den Wörtern „essen" und „Salz" verfahren.

Tipp: Das Schreiben von weiteren bekannten Wörtern können die KT anhand der Kopiervorlage L2/2 üben. Die KT decken die rechte Spalte mit Wörtern ab, fortgeschrittene KT können auch die Spalte mit dem Buchstabensalat abdecken. Die KT schreiben die Wörter zu den Bildern. Der jeweilige Buchstabensalat zeigt den KT, welche Buchstaben sie für das Wort benötigen. Die rechte Spalte wird zur Kontrolle bei jedem Wort aufgedeckt.
Wenn die KT das Arbeitsblatt bearbeitet haben, können Sie die Wörter auch als Diktat vorsprechen. Dabei sollten Sie den KT die Schreiblinien (mit vorgegebener Anzahl der Buchstaben) sowie die noch nicht bekannten Buchstaben vorgeben. Dazu können Sie die mittlere Spalte kopieren.

Lernziel:
Einzellaute zu einer Silbe synthetisieren
CD 1.21

5 Silben hören und lesen

Lesen Sie zunächst die Laute einzeln und gedehnt, dann die Silbe. Bei den Silben „me", „re", „se" und „le" soll der Vokal zunächst wie im Anlaut von „Elefant" gesprochen werden. Dann machen Sie darauf aufmerksam, dass „me" auch [mɛ] gesprochen werden kann (wie bei „Messer"). Anschließend lesen die KT die Buchstaben und Silben.

Spielen Sie den Hörtext ab. Die KT sollen lautlich erkennen, welche Wörter mit den vorgegebenen Silben beginnen.

Hörtext:
1. *Wo hören Sie die Silbe „me"?*
   Tag – Medikament – Messer – Nase
2. *Wo hören Sie die Silbe „le"?*
   lesen – Lebensmittel – Fuß – Laden
3. *Wo hören Sie die Silbe „sa"?*
   Salat – Tomate – Salami – Schokolade
4. *Wo hören Sie die Silbe „re"?*
   Regal – Radio – Rezept – Sekunde
5. *Wo hören Sie die Silbe „se"?*
   Supermarkt – Sekunde – Gabel – sehen

Lernziel: Wörter erlesen; silbische Gliederung von Wörtern erkennen

6 Wörter lesen

Das Wort „Meer" ist noch nicht als Wort bekannt, kann aber gelesen werden.

Tipp: Wiederholen Sie mit den KT die Begriffe „Buchstabe", „Silbe" und „Wort" anhand der vorgegebenen Wörter.

Lernziel: Wörter nach Vorlage sowie nach Diktat schreiben
CD 1.22

7 Wörter schreiben

Hörtext: Amal – Lama – Esel – Rama

Lese- und Schreibheft (S. 2): Hier finden Sie weitere Silben und Wörter für das Lese- und Schreibtraining. Die Aufgaben können im Unterricht (auch in Partner- oder Kleingruppenarbeit) oder in Hausarbeit bearbeitet werden.

Station 1

Lernziel: Lesefähigkeit ausbilden
CD 1.23

2 Silben lesen

Die KT lesen die Silben zu zweit: Ein Partner liest, der andere kontrolliert.

Tipp: Partnerdiktat: Ein Partner liest die Silben einzeln vor, der andere schreibt. Die Partner wechseln sich nach jeder Zeile ab.

Die KT hören die Silben und markieren (durch Einkreisen, Ankreuzen oder Unterstreichen) die gehörte Silbe. Die KT vergleichen zu zweit ihre Lösungen.

Hörtext: le – sa – am – re – ra – ma – es – la

Lernziel: Lesefähigkeit ausbilden

3 Silben und Wörter lesen

Bislang sind nur die schwarz gedruckten Buchstaben bekannt. Ermutigen Sie die KT, die ganzen Wörter – mit Hilfe der Bilder – zu lesen.

Lernziel: Wörter mit Hilfe schreiben
CD 1.24

4 Wörter schreiben

Die KT notieren die vorgegebenen Buchstaben in der richtigen Reihenfolge. Die Wörter gehören zum Lernwortschatz.

Tipp: Wenn die Aufgabe für Ihre KT zu schwer ist, lassen Sie die KT zuerst die Wörter mit Buchstabenkarten in Partner- oder Kleingruppenarbeit bilden.
Sie können auch Bildkarten zu diesen Wörtern an die Wand hängen. Die Bilder erleichtern die Lösung der Aufgabe, denn die KT können die Bedeutung der Wörter über die Bilder erschließen (und nicht nur über die vorgegebenen Buchstaben).

Hörtext: Mama – Arm – Messer

Lernziel: Wiederholung und Bewusstmachung der Verbkonjugation in der 1. Pers. Sg./Pl. („ich", „wir") und 3. Pers. Pl. („Sie")

5 So funktioniert es

Die KT sammeln im Plenum Fragen an Sara (in der 3. Pers. Pl. „Sie"), z. B. „Wie heißen Sie?", „Was essen Sie gern?" usw. Die KT beantworten die Fragen in der Rolle von Sara, z. B. „Ich esse gern Pizza."
Besprechen Sie anschließend mit den KT die Tabelle. Wenn im Kurs die Mehrheit der KT eher lernungewohnt ist, können Sie die Tabelle auch außer Acht lassen.

Tipp: Pantomime- und Würfelspiel: Ein KT spielt pantomimisch eine Tätigkeit (= ein Verb) vor, die anderen KT raten. Es können hier auch Verben dargestellt werden, die bisher im Lehrwerk nicht präsentiert wurden. Wenn das Verb erraten wurde, würfelt ein KT (s. Kopiervorlage L1/2) und bildet der Augenzahl entsprechend die richtige Verbform: ein Auge = ich / zwei Augen = wir / drei Augen = Sie.

Tipp: Zur spielerischen Wiederholung verwenden Sie die Kopiervorlage Stat 1/1. Die KT spielen in Gruppen à 3 bis 4 KT, jede Gruppe bekommt ein Spielfeld sowie einen Würfel und pro KT eine Spielfigur. Die KT würfeln, bewegen die eigene Spielfigur um die entsprechende Zahl der Felder und bilden eine zu der Illustration passende Frage. Ein anderer – von dem fragenden KT ausgewählter – KT muss die Frage beantworten. Ist die Frage richtig, darf der KT auf dem Feld stehen bleiben; ist die Frage falsch, stellt er seine Spielfigur auf die Ausgangsposition zurück. Ist die Antwort richtig, darf der KT seine Spielfigur um ein Feld nach vorne bewegen.

3 Was machen Sie?

Sprechabsichten: nach dem Beruf, Familienstand, Hobbys fragen; über die eigene Familie sprechen; nach Gegeständen fragen; Gegenstände benennen; zählen

Buchstaben und Laute: O, N, D

Wortfelder: Berufe, Freizeitaktivitäten, Verwandtschaftsbezeichnungen, Gegenstände im Kurs, Zahlen bis 5

EINHEIT: O

Lernziel: nach dem Beruf fragen
CD 1.25

1 Sprechen und verstehen

Besprechen Sie mit den KT das Bild: Wer sind die Personen? Wo sind sie? Was machen sie (von Beruf)?
Spielen Sie dann den Dialog ab, die KT sprechen nach. Fragen Sie die KT nach ihren Berufen und schreiben Sie die Berufe an die Tafel. Machen Sie zu den Berufen eine kleine Skizze/Zeichnung, um die Berufe kenntlich zu machen, oder verwenden Sie dazu Bildkarten zu Berufen.

Tipp: Bringen Sie Bildkarten zu Berufen in den Unterricht mit. Die KT benennen die Berufe. Anschließend werden die Karten gemischt und verteilt. Die KT führen den Dialog mit mehreren Partnern:

- ■ *Was machen Sie?*
- ● *Ich bin Koch. Was machen Sie?*
- ■ *Ich bin Verkäuferin.*

Lernziel: „o/O“ schreiben und in unterschiedlichen Schriftarten kennenlernen

4 o und O schreiben

Tipp: Fortgeschrittene KT können auch die in Aufgabe 1 behandelten Berufsbezeichnungen in ihr Heft abschreiben. Die anderen KT notieren nur den eigenen Beruf. Helfen Sie den KT bei unbekannten Buchstaben.

Lernziel: den Laut [o] im Anlaut, Inlaut und Auslaut identifizieren
CD 1.26

5 O: den Laut identifizieren

In dieser Einheit soll zum ersten Mal nicht nur der Anlaut identifiziert werden. Die KT sollen den Laut (hier [o]) innerhalb von einem Wort erkennen und seine Position bestimmen: Hören die KT [o] am Wortanfang (= Anlaut), in der Wortmitte (= Inlaut) oder am Wortende (= Auslaut)?
Um die Aufgabe zu verdeutlichen, schreiben Sie die folgenden Muster an die Tafel und sprechen Sie einige Wörter vor, wobei Sie den Laut [o] betonen:

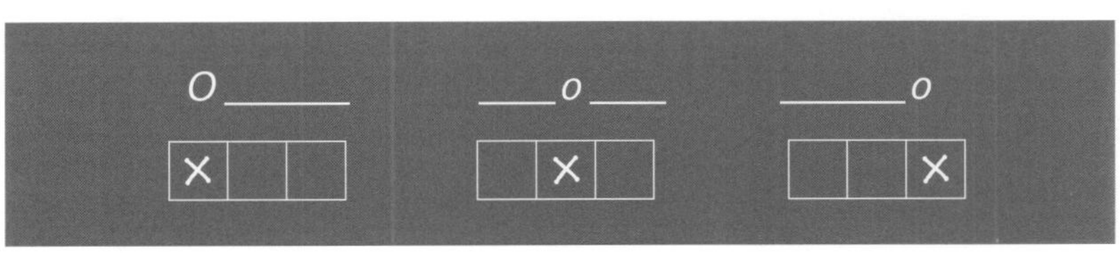

Die KT entscheiden, ob [o] im Anlaut (O___), Inlaut (___o___) oder Auslaut (___o) zu hören ist, und zeigen auf das passende Muster an der Tafel.

Hörtext: Ohr – Kilo – Sofa – Brot – Kino – Obst – Tomate – Opa – rot – Radio

Lernziel:
Druckbuchstaben „o/O" erkennen

6 o und O erkennen

Tipp: Lesen Sie den Text laut vor. Was machen Otto und Ulla? Wo wohnen Sie? Die KT antworten.

Lernziel:
Worfeld „Familie"

7 Wörter lernen

Kopieren und vergrößern Sie das Bild und besprechen Sie es mit den KT:
Wer ist dort abgebildet? Schreiben Sie das Wort „die Familie" an die Tafel (fortgeschrittene KT können das Wort ggf. schon lesen). Die KT zeigen auf die einzelnen Personen und nennen die passenden Wörter.
Wenn nicht genug Vorschläge kommen, lesen Sie die Wörter neben dem Bild vor, die KT zeigen dann auf die Personen.
Fragen Sie anschließend: Welche Wörter passen für Männer und welche für Frauen? Wer von den KT ist Vater, Mutter, Oma oder Opa? Wer hat einen Sohn oder eine Tochter?

Die KT suchen dann Wortpaare und variieren den Dialog.

Lernziel:
Wörter mit Hilfe schreiben

8 Wörter schreiben

Bevor Sie die Aufgabe im Lehrwerk behandeln, schreiben die KT die Wörter an die Tafel. Fragen Sie: „Was hören Sie am Anfang von „Sohn"?" Die KT nennen den Laut und ein KT notiert den Buchstaben an der Tafel. Sprechen Sie erneut das Wort und betonen Sie den Laut [o]. Fragen Sie, welcher Laut an zweiter Stelle folgt. Ein KT notiert den Buchstaben „o". Das „h" müssen Sie vorgeben. Dann geht es um den letzten Laut bzw. Buchstaben des Wortes. Ebenso können Sie auch die anderen Wörter erarbeiten.

Tipp: Um die Synthesefähigkeit zusätzlich zu üben, diktieren Sie Silben mit dem neuen Buchstaben „o" und den schon bekannten Buchstaben (z. B. „mo – non – do – os – ro – edo" usw.). Sprechen Sie eine Silbe vor. Die KT schreiben sie in ihr Heft. Geben Sie evtl. Unterstützung, indem Sie die Silbe sehr deutlich diktieren und ggf. auch in einzelne Laute zerlegen. Schreiben Sie die Silbe anschließend an die Tafel. Die KT vergleichen, ob sie die Silbe richtig geschrieben haben. Zum Abschluss der Übung lesen die KT alle notierten Silben laut vor.

Lernziel:
Ziffern lesen und schreiben;
zählen von 1 bis 5

9 Zählen lernen

Hier werden die ersten Zahlen eingeführt: Die Zahlen von 1 bis 5 sollen gelernt und gelesen, die Zahlen 1 und 2 geschrieben werden.

Tipp: Zeigen Sie mit den Fingern eine Zahl, die KT nennen die Zahl.

EINHEIT: **N**

Lernziel:
„n/N" schreiben und in unterschiedlichen Schriftarten kennenlernen

4 n und N schreiben

Tipp: Wählen Sie ca. fünf Wörter aus dem Lese- und Schreibheft, S. 3 aus (Achtung: Die Wörter sollten kein „d/D" enthalten.) und schreiben Sie sie an die Tafel. Die KT schreiben die Wörter in ihr Heft ab und unterstreichen „n/N". Fortgeschrittene Lerner können die Wörter auch in Schreibschrift notieren.

Lernziel:
den Laut [n] im Anlaut, Inlaut und Auslaut identifizieren
CD 1.28

5 N: den Laut identifizieren

Tipp: Diktieren Sie nach der Durchführung der Aufgabe die Wörter „Banane", „Sohn", „Nase", „Ananas" und „Mann" laut. Die KT schreiben die Wörter zu den passenden Bildern im Lehrwerk zu zweit.

Hörtext: Nudeln – Banane – Sohn – Eltern – Nase – Ananas – Mann – fünf – Nacht – Kind

Lernziel:
Druckbuchstaben „n/N" erkennen

6 n und N erkennen

Tipp: Lesen Sie den Text laut vor. Wer besucht die Eltern in Nürnberg? Die KT antworten.

Lernziel:
Wortfeld „Familie"

7 Wörter lernen

Wiederholen Sie mit den KT zuerst die bislang gelernten Verwandtschaftsbezeichnungen. Führen Sie auch bei diesen Wörtern die Pluralform ein. Fragen Sie die KT, wie viele Töchter/Söhne/Kinder/Brüder/Schwestern sie haben. Unterstützen Sie die KT durch Zählen mit den Fingern.

Tipp: Fragen Sie auch nach den Namen der Personen und schreiben Sie die genannten Namen an die Tafel. Die KT unterstreichen „n/N". Lesen Sie die Namen laut vor: Steht [n] im Anlaut, Inlaut oder Auslaut?

Tipp: Kettenspiel zum Einüben der Pluralformen: Die KT sitzen oder stehen in einer Reihe. Der erste KT sagt eine Verwandtschaftsbezeichnung (z. B. „der Bruder"), der zweite KT nennt dazu die Pluralform („die Brüder") und gibt ein weiteres Wort vor. Der nächste KT nennt die Pluralform usw. Die KT spielen mehrere Runden, alle Wörter sollen mehrmals vorkommen.

Lernziel:
Wörter mit Hilfe schreiben

8 Wörter schreiben

Besprechen Sie mit den KT zuerst mündlich, welche Wörter hier geschrieben werden sollen.
Nach der Durchführung der Aufgabe können die KT weitere Verwandtschaftsbezeichnungen zu zweit schreiben. Verteilen Sie dazu die Kopiervorlage L3/1.

Lernziel:
nach der Familie fragen
CD 1.29

10 Sprechen und verstehen

Tipp: Erweitern Sie den Dialog: „Haben Sie einen Sohn/eine Tochter/einen Bruder/eine Schwester?"

EINHEIT: **D**

Lernziel:
nach Freizeitaktivitäten fragen bzw. darauf antworten
CD 1.30

1 Sprechen und verstehen

Bringen Sie Bildkarten mit weiteren Tätigkeiten/Verben in den Kurs mit. Besprechen Sie die Verben mit den KT. Die KT nennen das dargestellte Verb und bilden einen Satz damit.
Dann bekommt jeder KT eine oder zwei Karten. Die KT gehen durch den Kursraum und führen kurze Dialoge:

- ▪ *Was machen Sie?*
- • *Ich höre Musik. Was machen Sie?*
- ▪ *Ich ...*

oder

- ▪ *Was machst du?*
- • *Ich höre Musik. Was machst du?*
- ▪ *Ich ...*

Achten Sie darauf, dass das Verb in der 1. Pers. Sg. die richtige Endung hat und korrigieren Sie ggf. entsprechend.

lesen ich lesen

Lernziel:
„d/D" schreiben und in verschiedenen Schriftarten kennenlernen

4 d und D schreiben

Tipp: Im Lese- und Schreibheft finden Sie weitere Angebote zum Schreibtraining.

Lernziel:
den Laut [d] im Anlaut und Inlaut identifizieren
CD 1.31

5 D: den Laut identifizieren

Die KT identifizieren den Laut [d] im Anlaut und Inlaut. Im Auslaut wird [d] nicht gesprochen (z. B. „Mund" [munt]), deshalb ist das dritte Kästchen grau gefüllt.

Tipp: Diktieren Sie nach der Durchführung der Aufgabe die Wörter „Dose", „Nudeln", „Erde" und „Marmelade". Die KT schreiben die Wörter zu zweit zu den passenden Bildern.

Hörtext: Radio – Dose – Nudeln – Erde – drei – Freunde – Marmelade – Dach – Deutschkurs – Deutschland

Lernziel:
Wortfeld „Gegenstände im Kurs"

7 Wörter lernen

Vor dem Einüben des Dialoges sollten die Personalpronomen „er/es/sie" besprochen werden. Führen Sie den Dialog dreimal – mit „der Stift", „das Heft" und „die Tasche" – als Beispiel vor. Schreiben Sie die Personalpronomen an die Tafel und markieren Sie sie in unterschiedlichen Farben („er" blau, „es" grün, „sie" rot). Die KT sammeln passende Nomen dazu. Sie können mit Bildkarten arbeiten. Die KT befestigen die Karten bei den entsprechenden Pronomen an der Tafel.

Tipp: Zum Einüben des Dialogs können Sie die große Bildkarte auf S. 210 verwenden.

Lernziel:
Wörter mit Hilfe schreiben

8 Wörter schreiben

Tipp: Die KT schreiben zu bekannten Gegenständen die passenden Wörter auf der Bildkarte auf S. 210. Helfen Sie bei unbekannten Buchstaben.

Lernziel:
die Ziffer 5 schreiben; zählen wiederholen

9 Zählen lernen

Wiederholen Sie zuerst die Zahlen von 1 bis 5.
Tipp: Fragen Sie nach der Anzahl von Gegenständen im Raum (bis zu fünf Stück). Zeigen Sie auf den Gegenstand, wenn es Verständnisschwierigkeiten gibt.

Die KT schreiben die Ziffer 5.
Tipp: Zahlendiktat: Ein KT nennt eine Zahl, alle KT schreiben die Zahl in ihr Heft. Dann nennt ein anderer KT eine Zahl und alle schreiben usw. Kontrolle durch gemeinsames lautes Vorlesen der geschriebenen Zahlen.

Lernziel:
das Verb „sein" im Singular und Plural; Negation mit „kein"
CD 1.32

10 Sprechen und verstehen

Wiederholen Sie zuerst den Wortschatz „Gegenstände im Kurs". Die KT sollen immer auch den passenden Artikel nennen.

Tipp: Ratespiel: Es werden unterschiedliche Gegenstände aus dem Kursraum in einer Kiste oder einem großen Sack gesammelt. Ein KT schließt die Augen, zieht einen Gegenstand heraus, tastet ihn ab und versucht zu erraten, was das ist. Die anderen KT fragen ihn: „Ist das ein/e …?" Der KT antwortet. Dann ist der nächste KT dran usw.

Spielen Sie die Dialoge ab, die KT sprechen nach.
Bei dem Einüben der Dialoge soll v. a. das Verb „sein" in der richtigen Form verwendet werden, d. h. im Singular „ist", im Plural „sind".

Buchstaben – Laute – Silben

Lernziel:
Informationen über Personen verstehen
CD 1.33

1 Sprechen und verstehen

Die KT stellen zuerst anhand der Bilder Vermutungen über die Personen an:
Woher kommen sie? Was machen sie? Haben sie Kinder?
Spielen Sie dann die Hörtexte ab, die KT kreuzen das Kästchen bei den passenden Personen an. Spielen Sie anschließend den ersten Hörtext ab, die KT erzählen den Hörtext nach. Gehen Sie bei dem zweiten Text genauso vor.
Die KT stellen sich vor und erzählen über sich.

Tipp: Die KT machen einen Steckbrief (s. Kopiervorlage L3/2). Helfen Sie den KT bei unbekannten Buchstaben. Statt eines Fotos können die KT auch ein Selbstportrait zeichnen. Hängen Sie die Steckbriefe im Kursraum auf.

Hörtext:
1. *Ich heiße Amal Ramzi. Ich komme aus Marokko und ich wohne in Köln. Ich bin ledig und ich habe keine Kinder. Ich bin Verkäuferin.*
2. *Ich heiße Ali Bulut. Ich komme aus der Türkei. Ich bin Koch. Ich wohne in Frankfurt. Ich bin verheiratet. Ich habe zwei Kinder.*

Lernziel:
die Laute [o], [n] und [d] im Anlaut, Inlaut oder Auslaut identifizieren

2 O, N, D: die Laute identifizieren

Die KT nennen die dargestellten Wörter („Opa", „Kinder", „Daumen", „Auto", „Sohn", „Lehrerin") und entscheiden, ob und an welcher Stelle die Laute [o], [n] und [d] zu hören sind. Bei lernungewohnten KT können Sie ggf. den gesuchten Laut immer vorgeben, sodass die KT nur die Position im Wort identifizieren müssen.

Lernziel:
Einzellaute zu einer Silbe synthetisieren
CD 1.34

4 Silben hören und lesen

Zu 4 c): Sprechen Sie die Wörter zuerst silbisch vor und verdeutlichen Sie durch Klatschen oder Schwingübungen, wie viele Silben die Wörter haben. Die KT notieren die richtige Anzahl von Silbenbögen unter den Illustrationen.

Hörtext:
1. *Wo hören Sie die Silbe „na"?*
   Nase – Name – malen – Nacht – Salat
2. *Wo hören Sie die Silbe „do"?*
   Dose – Gabel – Tomate – Donau – Donnerstag
3. *Wo hören Sie die Silbe „ra"?*
   Radio – Garten – Rasen – Salami – Rad
4. *Wo hören Sie die Silbe „mo"?*
   Mofa – Tomate – Montag – Nase – Monat

Lernziel:
Wörter lesen; silbische Gliederung von Wörtern erkennen

5 Wörter lesen

Die KT lesen die Wörter und markieren die silbische Gliederung (Silbenbögen oder vertikale Striche).

Tipp: Bevor die KT die Wörter lesen, können Sie die Wörter in einer anderen Reihenfolge vorsprechen. Die KT suchen das Wort.

Lernziel:
Silben und Wörter nach Diktat und frei schreiben
CD 1.35

6 Silben und Wörter schreiben

Bei dem Silben-Diktat werden die Silben jeweils zweimal vorgelesen: zuerst langsam, dann folgt eine Schreibpause und anschließend noch einmal im normalen Sprechtempo. Die KT sollen beim ersten Abspielen während der Pause die Silben in einzelne Laute (jeweils zwei) mündlich zerlegen. Spielen Sie dann das Diktat noch einmal ab, die KT schreiben. Dann tauschen die KT ihre Lösungen und kontrollieren sie gegenseitig beim dritten Abspielen des Diktates.

Besprechen Sie mit den KT vor dem Schreiben der Wörter in 6 b), aus wie viel Buchstaben die Wörter bestehen. Dann schreiben die KT die Wörter.

Tipp: Die KT arbeiten in Kleingruppen. Sie schreiben vier Wörter aus Aufgabe 5 und 6 auf Karten und zerschneiden die Karten, sodass Silbenkärtchen entstehen. Diese werden gemischt, mit einer anderen Gruppe ausgetauscht und anschließend wieder zu Wörtern zusammengesetzt.

Hörtext: ra – do – se – mo – na – le

Lese- und Schreibheft (S. 3): Hier finden Sie weitere Silben und Wörter für das Lese- und Schreibtraining. Die Aufgaben können direkt im Unterricht (auch in Partner- oder Kleingruppenarbeit) oder in Hausarbeit bearbeitet werden.

4 Was machen Sie gern?

Sprechabsichten: über Hobbys und Tagesabläufe sprechen; sagen, was man (nicht) gern macht/isst/trinkt; etwas bestellen und bezahlen; zählen

Buchstaben und Laute: I, F, G

Wortfelder: Freizeitaktivitäten, Wochentage, Lebensmittel, Zahlen bis 10

EINHEIT: **I**

Lernziel:
nach Hobbys fragen
CD 1.36

1 Sprechen und verstehen

Die KT sammeln Wörter zu den Bildern und bilden dazu Sätze in der 1.Pers.Sg. Schreiben Sie die Sätze an die Tafel (s. Tipp bei Aufgabe 2):

Ich höre gern Musik.
Ich gehe gern spazieren.
Ich koche gern.
...

Fragen Sie die KT, was sie gern machen. Spielen Sie dann die Dialoge ab, die KT kreuzen an.
Spielen Sie die Dialoge noch einmal ab (mit einer Pause dazwischen), die KT sprechen nach. Erklären Sie den Unterschied zwischen „du" und „Sie".
Die KT variieren die Dialoge zu zweit: Zuerst spielen alle KT die Dialoge in der „Sie"-Form, dann noch einmal in der „du"-Form.

Lernziel:
den Laut [i] und den entsprechenden Buchstaben kennenlernen

2 I: den Laut hören und sprechen

Tipp: Greifen Sie auf die Sätze an der Tafel aus Aufgabe 1 zurück: Die KT markieren „i" in den Sätzen. Anschließend können die KT alle bislang bekannten Buchstaben markieren. Können sie schon einzelne Wörter erlesen?

Lernziel:
Wörter über Bilder erschließen; Anlaute identifizieren und mit entsprechenden Buchstaben kombinieren

3 Laute hören und Buchstaben erkennen

Tipp: Kettenübung: Alle KT bekommen eine Bildkarte von einem bekannten Körperteil („Arm", „Mund", „Lippe", „Rücken", „Ohr", „Nase", „Daumen"), bei fortgeschrittenen Gruppen können Sie auch Bildkarten mit weiteren Körperteilen verteilen. Es können auch mehrere gleiche Abbildungen verwendet werden.
Der erste KT zeigt seinem Nachbarn seine Bildkarte (z. B. „Arm"), der Nachbar nennt den Körperteil und den entsprechenden Anlaut („Arm – [a]"). Dann zeigt er seine Karte dem nächsten KT, der den abgebildeten Körperteil und den Anlaut nennt usw.

Lernziel:
„i/I" schreiben und in verschiedenen Schriftarten kennenlernen

4 i und I schreiben

Bei der Druckschrift werden oft das große „I" und das kleine „l" verwechselt. Ebenso sind das große „I" und das große „J" in Schreibschrift sehr ähnlich. Machen Sie die KT darauf aufmerksam und erweitern Sie ggf. die Erkennungsaufgaben.
Sie können an dieser Stelle oder nach Aufgabe 6 einzelne Seiten aus verschiedenen Zeitungen und Zeitschriften an die KT verteilen. Die KT markieren dort „i/I".

Lernziel:
den Laut [i] im Anlaut und Inlaut identifizieren
CD 1.37

5 I: den Laut identifizieren

Da hier keine Wörter mit [i] im Auslaut vorkommen, ist das dritte Kästchen grau gefüllt.

Tipp: Die KT sammeln weitere Wörter mit [i] im An- oder Inlaut.

Tipp: Fortgeschrittene KT nennen alle in den einzelnen Wörtern vorkommenden Laute, z. B. „Birne": [b] [i] [r] [n] [e].

Hörtext: ich – Birne – Kilo – Igel – Insel – Liter

Lernziel:
Druckbuchstaben „i/I" erkennen

6 i und I erkennen

Zur Erweiterung der Aufgabe s. Aufgabe 4.

Lernziel:
von 1 bis 10 zählen, die Ziffern 6 und 7 schreiben

7 Zählen lernen

Wiederholen Sie die Zahlen von 1 bis 5.

Tipp: Bringen Sie Würfel in den Unterricht mit und führen Sie die Zahl 6 ein. Die KT arbeiten in kleinen Gruppen: Sie würfeln und nennen die gewürfelte Augenzahl.

Sprechen Sie die Zahlen 6 bis 10 vor, die KT sprechen nach. Lassen Sie die KT die Tassen auf den Bildern zählen.

Tipp: Hängen Sie vor dem Unterricht Zahlenkarten im Kursraum an unterschiedlichen Stellen auf. Die KT suchen die Karten und bringen sie in die richtige Reihenfolge.

Lernziel:
Wortfeld „Freizeitaktivitäten"

8 Wörter lernen

Die KT sammeln Wörter zu den Bildern. Sprechen Sie dann die Sätze vor, die KT sprechen nach. Erklären Sie den Unterschied zwischen „ich" und „wir" und machen Sie die KT auf die Verform aufmerksam.
Die KT führen Dialoge zu zweit oder zu dritt mit verschiedenen Partnern.

Tipp: Pantomime-Spiel: Die KT stellen bestimmte Tätigkeiten (z. B. singen, tanzen, lesen, schreiben, schlafen, telefonieren, essen, trinken usw.) pantomimisch dar.
Die anderen KT raten. Sie können zur Unterstützung die Bildkarten mit Verben verwenden. Die KT stellen dann das auf der Karte dargestellte Verb pantomimisch dar, die anderen KT raten.

Tipp: Zur Einübung der Verbformen in der 1. Pers. Sg. und Pl. fragen Sie die KT (einzeln oder zu zweit): „Was machen Sie gern?" Die KT antworten entweder mit „ich" oder „wir".

Lernziel:
Wörter mit Hilfe schreiben

9 Wörter schreiben

Die KT nennen Wörter zu den Bildern und ergänzen anschließend die Wörter. Schreiben Sie die Wörter an die Tafel und lassen die KT in Partnerarbeit die Lösungen überprüfen.

Tipp: Partnerdiktat: Die KT erhalten ein Arbeitsblatt (Kopiervorlage L4/1) und arbeiten zu zweit:
KT 1 verdeckt die mittlere und rechte Spalte. KT 2 liest die Wörter in der mittleren Spalte und KT 1 schreibt die Wörter in die linke Spalte. KT 1 vergleicht seine Lösung nach jedem Wort mit dem Wort in der mittleren Spalte.
Wenn KT 1 alle Wörter geschrieben hat, tauschen die KT die Rollen.
Wenn alle KT die linke Spalte fertig haben, decken sie die linke und mittlere Spalte ab. Diktieren Sie nun die Wörter aus der mittleren Spalte, die KT schreiben die Wörter in die rechte Spalte.

Lernziel:
über Freizeitaktivitäten sprechen
CD 1.38

10 Sprechen und verstehen

Tipp: Verwenden Sie die Bildkarten mit Tätigkeiten/Verben zum Variieren des Dialogs. Jeder KT bekommt zwei Karten, dann variieren die KT den Dialog anhand der Bildkarten.

Hörtext:
- ▪ *Hallo, Natascha.*
- • *Hallo, Hatice. Wie geht es dir?*
- ▪ *Danke, gut.*
- • *Was machst du heute?*
- ▪ *Ich gehe mit Freunden spazieren. Dann gehen wir ins Café. Und du, was machst du?*
- • *Ich gehe mit Freunden ins Restaurant. Wir essen Pizza.*
- ▪ *Dann bis morgen. Tschüss.*
- • *Ja, bis morgen.*

EINHEIT: **F**

Lernziel:
nach Hobbys fragen; sagen, was man (nicht) gern macht
CD 1.39

1 Sprechen und verstehen

Besprechen Sie zuerst die Bilder mit den KT: Was machen die beiden Frauen? Spielen Sie den Dialog ab, die KT antworten. Fragen Sie die KT, was sie gern und was sie nicht gern machen.

Tipp: Die KT machen eine Umfrage zum Thema „Das mache ich nicht gern". Wählen Sie sechs bis acht Bildkarten mit Tätigkeiten/Verben aus und befestigen Sie sie an der Tafel in Form einer Tabelle.

Das mache ich nicht gern	*Stimmen*
	III
	卌 I

Jeder KT sagt, was er nicht gern macht (zwei Beispiele) und notiert bei den entsprechenden Karten je einen Punkt.

Lernziel:
Vokabeln über Bilder erschließen; Anlaute identifizieren und mit entsprechenden Buchstaben kombinieren

3 Laute hören und Buchstaben erkennen

Tipp: Bringen Sie Bildkarten mit Lebensmitteln mit, die mit den bekannten Buchstaben anfangen. Jeder KT bekommt eine Karte, die KT notieren die Anfangsbuchstaben. Dann geben sie ihre Karte dem rechten Nachbarn weiter, bekommen vom linken Nachbarn eine neue Karte und notieren den Buchstaben usw.

Lernziel:
den Laut [f] im Anlaut, Inlaut und Auslaut identifizieren
CD 1.40

5 F: den Laut identifizieren

Hörtext: fünf – Löffel – Fuß – Dorf – Heft – Flasche

Lernziel:
die Ziffern in verschiedenen Alltagszusammenhängen erkennen; die Ziffern 8 und 9 schreiben

7 Zählen lernen

Tipp: Die KT notieren an einem Tag Zahlen, denen sie begegnen, und bringen sie in den Unterricht mit. Hängen Sie die Blätter mit den Zahlen im Kursraum auf, die KT lesen die Zahlen. Da die KT nur Zahlen von 1 bis 10 bislang lesen können, sollen die höheren Zahlen als einzelne Ziffern gelesen werden.

Lernziel:
Wortfeld „Lebensmittel"
CD 1.41

8 Wörter lernen

Machen Sie mit den KT ein Assoziogramm zum Thema „Lebensmittel".
Das Assoziogramm kann auch in Gruppen bearbeitet werden, sodass mehrere Plakate entstehen. Die KT sammeln bekannte Lebensmittel und notieren diese entweder als Zeichnung/Bild und/oder als Wort. Die KT können die Lebensmittel auch in bestimmte Gruppen ordnen, z. B. „Gemüse", „Obst", „Getränke".

Hörtext: 1. Ich esse gern Brot mit Käse. Ich esse gern viel Gemüse und Reis. Aber ich esse nicht gern Fleisch. 2. Ich trinke gern Saft und Wasser. Am Morgen trinke ich gern Kaffee. Aber ich trinke nicht gern Tee.

Lernziel:
sagen, was man nicht gern isst; Negation mit „kein"

10 Sprechen und verstehen

Führen Sie einen Dialog exemplarisch vor. Die KT variieren die Dialoge zuerst mit „Sie", dann mit „du". Wichtig ist an dieser Stelle v. a. die richtige Verbform. Wenn Sie Fehler bei der Form von „kein" vermeiden wollen, lassen Sie zuerst den Dialog zu der ersten Bildgruppe, dann zu der zweiten und zur dritten führen.

Tipp: Vor dem Dialogtraining üben die KT zu zweit die bestimmten Artikel bei den abgebildeten Lebensmitteln. Ein KT zeigt auf ein Lebensmittel, der andere nennt das Nomen mit dem bestimmten Artikel.

EINHEIT: G

Lernziel:
Wochentage lernen; temporale Angaben „am ..."
CD 1.42

1 Sprechen und verstehen

Spielen Sie die Dialoge ab: Was machen Frau Weber und Ali? Wann machen sie das? Die KT antworten. Einige KT werden schon die Wochentage kennen.
Fragen Sie dann, wie viele Tage eine Woche hat, und sprechen Sie die Wochentage vor. Besprechen Sie anschließend mit den KT den Kalender. Fragen Sie die KT, was sie an den einzelnen Tagen machen: Wann arbeiten sie? Wann haben sie Deutschkurs? Wann haben die Kinder Schule? Wann ist Wochenende?

Lernziel:
Wörter über Bilder erschließen; Anlaute identifizieren und mit entsprechenden Buchstaben kombinieren

3 Bilder und Wörter zuordnen

Tipp: Bringen Sie folgende Bildkarten in den Unterricht mit (mehrere Exemplare, damit die KT zu zweit arbeiten können): Igel, Insel, Fisch, Flasche, Glas, grillen. Fertigen Sie dazu passende Wortkarten an, wobei Sie die Wortteile, die die KT lesen können, hervorheben. Jedes Paar bekommt einen Satz Bild- und Wortkarten. Die KT lesen die Wörter zu zweit und ordnen die Wortkarten den Bildkarten zu.

Lernziel:
den Laut [g] im Anlaut und Inlaut identifizieren
CD 1.43

5 G: den Laut identifizieren

Im Auslaut wird der Buchstabe „g" als [k] ausgesprochen. Der Laut [g] kann also nicht im Auslaut identifiziert werden, deshalb ist das dritte Feld grau hinterlegt.

Tipp: Sprechen Sie die einzelnen Wörter noch einmal langsam vor (das Wort „Auge" lassen Sie ggf. weg). Die KT versuchen, die einzelnen Laute, aus denen das jeweilige Wort besteht, zu erkennen und nennen sie.

Hörtext: Auge – Gabel – Vogel – fragen – Glas – Geld

Lernziel:
zählen wiederholen; die Zahl 10 schreiben

7 Zählen lernen

Tipp: Fortgeschrittene KT zählen rückwärts von 10 bis 1.

Lernziel:
Wortfeld „Im Café"

8 Wörter lernen

Die KT sammeln Wörter zum Bild. Schreiben Sie die genannten Wörter an die Tafel. Lesen Sie die Wörter vor. Die KT verbinden die Wörter mit den Personen bzw. Gegenständen auf dem Bild.

Tipp: Zur Erweiterung des Wortfelds können Sie die Bildkarte auf S. 212 verwenden.

Lernziel:
Wörter mit Hilfe schreiben

9 Wörter schreiben

Tipp: Die KT arbeiten mit Buchstabenkarten und bilden mithilfe der Buchstabenkarten Wörter zum Bild in Aufgabe 8.

Tipp: Die KT schreiben Sätze aus dem Lese- und Schreibheft, Seite 4 unten („Ich lese gern. Ich singe gern. ...") ab.

Lernziel:
einem Hörtext bestimmte Informationen entnehmen; über eigene Aktivitäten sprechen
CD 1.44

10 Sprechen und verstehen

Besprechen Sie zuerst den Kalender mit den KT. Spielen Sie den Hörtext ggf. mehrmals ab. Die KT streichen die Bilder durch, die mit dem gehörten Text nicht übereinstimmen. Die KT beschreiben dann, was Amal macht.

Verwenden Sie für die Aufgabe c) die Kopiervorlage L4/2. Kopieren Sie Bildkarten mit Tätigkeiten. Die KT kleben ausgewählte Tätigkeiten in den eigenen Kalender, fortgeschrittene KT schreiben die Tätigkeiten in den Kalender.
Anschließend fragen und antworten die KT gegenseitig. Achten Sie darauf, dass die Wochentage mit der richtigen Präposition („am ...") verwendet werden.

Hörtext: Ich lerne Deutsch. Der Deutschkurs ist am Dienstag und Freitag, immer am Vormittag. Am Samstag und am Sonntag habe ich keinen Kurs. Am Freitagabend mache ich Hausaufgaben und am Samstag gehe ich einkaufen. Am Sonntag grille ich mit meiner Familie und Freunden.

Buchstaben – Laute – Silben

Lernziel:
Gespräche in einem Café/Restaurant führen
CD 1.45

1 Hören und verstehen

Besprechen Sie zuerst mit den KT die Bilder: Wo sind die Personen? Was machen sie? Was sagen sie?
Spielen Sie die Dialoge ab, die KT bringen die Bilder in die richtige Reihenfolge und spielen die Dialoge anschließend nach.

Hörtext:

1. ■ *Wir möchten zahlen.*
   ● *Das macht 7 Euro.*
   ■ *Hier, bitte.*

2. ■ *Was trinkst du?*
   ● *Ich nehme eine Tasse Tee. Und du?*
   ■ *Ich nehme ein Glas Wasser.*

3. ■ *Möchten Sie bestellen?*
   ● *Ja, ich nehme eine Pizza und einen Salat.*
   ■ *Gern.*

Lernziel:
zählen und die Zahlen (1 bis 10) wiederholen

2 Zählen lernen

Tipp: Sollte die Aufgabe, rückwärts zu zählen, für Ihre KT zu schwer sein, können sie die Zahlen von hinten (= rechts) notieren, also von 1 bis 10.

Tipp: Die KT spielen Bingo. Verteilen Sie die Kopiervorlage L4/3. Die KT notieren Zahlen von 1 bis 10 (in gemischter Reihenfolge). Diktieren Sie dann Zahlen von 1 bis 10. Die KT streichen die gehörten Zahlen durch. Wer als Erster fünf Zahlen durchstreichen konnte, hat gewonnen.

Lernziel:
Einzellaute zu einer Silbe bzw. einem Wort synthetisieren

5 Silben hören und lesen

Die KT lesen zuerst die Silben, dann die Wörter. Um den KT das Lesen der Wörter zu erleichtern, notieren Sie die Wörter an der Tafel wie folgt:

Fa	*Gar*	*Fir*	*Gi*	…
Fami	*Garten*	*Firma*	*Gise*	
Famili			*Gisela*	
Familie				

Lernziel:
Wörter erlesen; silbische Gliederung von Wörtern erkennen

6 Wörter lesen

Tipp: Sprechen Sie die Wörter in einer anderen Reihenfolge laut vor, die KT zeigen auf die entsprechenden Wörter.

Lernziel:
Silben und Wörter nach Diktat schreiben
CD 1.46

7 Silben und Wörter schreiben

Kontrolle: Die KT lesen laut vor und vergleichen zu zweit.

Hörtext: se – ri – go – la – sagen – fragen

Lese- und Schreibheft (S. 4 + 5): Hier finden Sie weitere Aufgaben zum Lese- und Schreibtraining.

Station 2

1 Sprechen und verstehen

Lernziel: Wortfeld „Lebensmittel“; Gespräche im Restaurant/Café führen

Besprechen Sie mit den KT die Speisekarte: Was ist das? Welche Getränke/Speisen kann man bestellen? Können die KT etwas lesen? Kennen sie das Euro-Zeichen? Sind die Speisen und Getränke teuer/billig? Gehen die KT gern in ein Restaurant/Café?
Die KT arbeiten zu dritt (zwei Gäste, ein/e Kellner/in) und führen Dialoge: von der Karte die Getränke/Speisen aussuchen und bestellen, anschließend bezahlen.
Bei der Bezahlung können die KT in der Regel noch nicht die richtige Summe für die bestellten Getränke/Speisen ausrechnen. Die KT sagen daher eine beliebige Summe (bis 10 Euro), ggf. nennen Sie die richtige Summe.

2 Silben lesen

Lernziel: Silben lesen

Beim Lesen der Silben können Sie wie folgt vorgehen: Die KT lesen die Silben zeilenweise (z. B. „na – ne – ni – no“). Am Anfang steht derselbe Buchstabe und es wird derselbe Laut gesprochen und gehört.
Dann lesen sie jeweils Pärchen, die untereinander stehen (z. B. „na – fa“). Am Ende steht immer derselbe Buchstabe und es wird derselbe Laut gesprochen und gehört.

Nennen Sie Wörter, die mit den vorgegebenen Silben anfangen (z. B. „Nase – nehmen – Nichte – noch – Dame – Deo – Disko – Donnerstag – Familie – Ferien – Finger – Foto – Garten – geben – Giraffe – Gorilla“) und fragen Sie die KT, mit welcher Silbe das Wort beginnt.
Die KT suchen weitere Wörter.

3 Wörter lesen und schreiben

Lernziel: Wörter lesen und ohne Hilfe schreiben

Die KT lesen die Wörter und gliedern sie in Silben (durch Klatschen, Schwingübungen oder Auszeichnung durch Silbenbögen oder Trennlinien).

Die KT nennen die Wörter, die durch die Bilder dargestellt sind, und schreiben sie.

Tipp: Lernungewohnte KT können die Wörter zuerst zu zweit mithilfe von Buchstabenkarten bilden und dann abschreiben.

Tipp: Weiteres Lese- und Schreibtraining: Kopieren Sie die Kopiervorlage Stat 2/1, die KT lesen die Silben und verbinden sie zu Wörtern. Anschließend schreiben die KT die Wörter zu den entsprechenden Bildern.

4 Zählen lernen

Lernziel: Zahlen von 1 bis 10 wiederholen

Tipp: Nennen Sie eine Zahl von 1 bis 10, die KT nennen die davor stehende und die darauf folgende Zahl. Um den KT die Aufgabe zu verdeutlichen, nennen Sie ein Beispiel und schreiben Sie es an die Tafel:

_ 6 _ → 5 6 7

Lernziel: Wiederholung und Bewusstmachung des Nominativs und Akkusativs in bestimmten Strukturen (bei den Verben „sein", „brauchen" und „haben")

5 So funktioniert es

Erarbeiten Sie mit den KT zunächst den ersten Dialog. Arbeiten Sie mit Bildkarten: Zeigen Sie die Bildkarte „Messer" und fragen die KT: „Ist das ein Löffel?" Die KT antworten (ggf. alle gemeinsam): „Nein, das ist kein Löffel. Das ist ein Messer." Gehen Sie auch mit weiteren Wörtern auf diese Weise vor. Erklären Sie den Gebrauch von „ein/kein" (= „der/das") und „eine/keine" (= „die") im Nominativ (ggf. anhand der Tabelle im Buch).

Gehen Sie analog auch beim zweiten Dialog (= Akkusativ) vor.
Die grammatikalischen Begriffe („Artikel", „Nominativ", „Akkusativ" usw.) sollen im Kurs möglichst vermieden werden.

Anschließend führen die KT die beiden unteren Dialoge zu zweit.

Tipp: Zur spielerischen Wiederholung verwenden Sie die Kopiervorlage Stat 2/2. Die KT spielen in Gruppen zu dritt oder zu viert, jede Gruppe bekommt ein Spielfeld sowie einen Würfel und pro KT eine Spielfigur. Die KT würfeln, bewegen die eigene Spielfigur um die entsprechende Zahl der Felder und bilden einen zur Illustration passenden Satz (Variante 1: „Das ist kein Messer. / Das ist ein Löffel"; Variante 2: „Ich habe kein Messer. / Ich habe einen Löffel."). Ist der Satz richtig, darf der KT auf dem neuen Feld stehen bleiben; ist der Satz falsch, stellt er seine Spielfigur auf die Ausgangsposition zurück.

5 Wo wohnen Sie?

Sprechabsichten: nach der Adresse und Telefonnummer fragen; nach dem Befinden fragen; nach Gegenständen fragen; Gegenstände benennen; rechnen (Addition bis 10)

Buchstaben und Laute: U, B, T

Wortfelder: Adresse, Telefonnummer, Adjektive (Wie geht es Ihnen?), Farben

EINHEIT: **U**

Lernziel:
nach Wohnort und Adresse fragen; Possessivpronomen
CD 1.47

1 Sprechen und verstehen

Besprechen Sie mit den KT zuerst die Bilder: Was sind das für Schilder? Wo findet man sie? Wie sehen sie in Ihrer Stadt aus?
Spielen Sie die beiden Dialoge ab, die KT antworten, wo Nina und Ali wohnen.

Fragen Sie dann die KT nach deren Straßennamen, die KT sollen den folgenden Dialog mit mehreren Partnern einüben (in der Sie- und du-Form):

■ *Wo wohnen Sie?*	■ *Wo wohnst du?*
● *In …*	● *In …*
■ *Wie ist Ihre Adresse?*	■ *Wie ist deine Adresse?*
● *Meine Adresse ist …*	● *Meine Adresse ist …*

Welche Angaben zu einer kompletten Adresse gehören, können Sie später, in Aufgabe 7 auf Seite 67 thematisieren.

Erklären Sie im nächsten Schritt anhand der Illustrationen die Bedeutung von „mein", „dein" und „Ihr" und als Erweiterung auch „sein"/„ihr".
Die KT arbeiten zu zweit und fragen gegenseitig nach der Adresse. Anschließend berichten sie im Plenum: „Karim wohnt in … Seine Adresse ist …"

Tipp: Die KT bilden kleine Gruppen und spielen das Mein-Dein-Spiel: Auf dem Tisch werden verschiedene Gegenstände von den KT gesammelt – von jedem KT mind. zwei Sachen (Stift, Handy, Heft, Apfel usw.). Ein KT nimmt einen Gegenstand und fragt seinen Nachbarn: „Ist das dein Stift?", der andere KT antwortet wahrheitsgemäß: „Ja, das ist mein Stift." oder „Nein, das ist nicht mein Stift. Das ist sein/ihr Stift." und zeigt auf den entsprechenden KT.

Lernziel:
„u/U" schreiben; „u/U" in verschiedenen Schriftarten kennenlernen

3 u und U schreiben

Tipp: Fortgeschrittene KT schreiben Wörter mit „u/U" aus Aufgabe 5 ab. Helfen Sie ggf. bei unbekannten Buchstaben.

Lernziel:
den Laut [u] im Anlaut, Inlaut und Auslaut identifizieren
CD 1.48

4 U: den Laut identifizieren

Tipp: Spielen Sie die Wörter zum zweiten Mal einzeln vor. Die KT nennen die Laute, aus denen die Wörter bestehen. Es soll hier nicht um die richtige Schreibung der Wörter gehen, das Wort „Uhr" wird also z. B. als [u:r] lautiert.

Hörtext: Uhr – Zucker – Schule – U-Bahn – Nudeln – Uhu

Lernziel:
Addition bis 10

6 Rechnen lernen

Bearbeiten Sie die erste Rechenaufgabe zusammen mit den KT: Wie viele rote Kästchen gibt es? Wie viele blaue Kästchen gibt es? Wie viele bunte Kästchen gibt es insgesamt? Erklären Sie das Plus-Zeichen.
Bearbeiten Sie alle anderen Rechenaufgaben mit den KT gemeinsam, wobei die Ergebnisse noch nicht notiert werden sollen.
Die KT rechnen dann in Einzelarbeit oder zu zweit. Überprüfung im Plenum.

Tipp: Bevor Sie mit den Rechenaufgaben im Buch anfangen, wiederholen die KT Zahlen von 1 bis 10. Erklären Sie dann anhand der Anzahl der Finger an den einzelnen Händen, wie viel „5 + 5" ist und was Plus-Aufgaben bedeuten.
Die KT können auch Knöpfe, Kastanien, Lego-Steine u. ä. als Hilfe verwenden.

Lernziel:
Bestandteile einer Adresse schreiben
CD 1.49

7 Wörter lernen

Erklären Sie, welche Angaben zur Adresse gehören.
Besprechen Sie mit den KT deren eigene Adressen. Achten Sie auf den Zusatz „-straße" und „-platz" usw. Erklären Sie, was das bedeutet.

Sie können an dieser Stelle die Aufgabe aus dem Lese- und Schreibheft (Seite 7) heranziehen. Sie können auch Aufgabe 10 vorziehen.

Tipp: Nehmen Sie die Bilder zum Anlass, um mit den KT über das eigene Wohnhaus und die Straße, in der die KT wohnen, zu sprechen. Wie sehen das Haus und die Straße aus? Sind sie groß oder klein? Schön oder hässlich? Laut oder leise?

Hörtext:
1. *Ich heiße Nasieh Malani. Ich wohne in Nordlingen.*
   Meine Adresse ist Georgstraße 10, 60385 Nordlingen.
2. *Ich heiße Anna Roden. Ich wohne in Dresden.*
   Meine Adresse ist Mannstr. 6, 01069 Dresden.

Lernziel:
Wörter lesen

8 Wörter lesen

Tipp: Schreiben Sie die folgenden Wörter an die Tafel. Die KT lesen im Plenum.

Mond	*Mund*	*rund*
Land	*Rand*	*Sand*
Rind	*sind*	*Linde*
Fluss	*muss*	*Nuss*
Sonne	*Tonne*	*Tanne*

Anschließend bilden die KT zwei Gruppen, ein Vertreter aus jeder Gruppe kommt an die Tafel. Lesen Sie eins der Wörter, die Vertreter sollen das Wort möglichst schnell finden und zeigen. Wer als Erster das richtige Wort zeigt, bekommt einen Punkt. Dann kommen zwei neue Vertreter aus beiden Gruppen usw. Die Gruppe mit den meisten Punkten gewinnt.

Lernziel:
Wörter mit Vorgaben schreiben

9 Wörter schreiben

Tipp: Die KT schreiben zum Schluss die Wörter in ihr Heft (fortgeschrittene KT ggf. in Schreibschrift).

Lernziel:
die eigene Adresse schreiben

10 Adresse schreiben

Tipp: Fertigen Sie für jeden KT einzeln ein Lückendiktat seiner Adresse an, das dem derzeitigen Stand und seinen Fähigkeiten angemessen ist.
Beispiel für „Emser Straße 33, 12051 Berlin":

_ _ se _ St _ _ ß _ _ _

_ _ _ _ _ B _ r _ _ n

Kopieren Sie jedes Blatt einmal, die KT ergänzen die eigene Adresse (wenn nötig, mit Ihrer Unterstützung). Wiederholen Sie diese Übung in den nächsten Wochen und Monaten immer wieder, bis alle Buchstaben bekannt sind.

Tipp: Die Teilnehmer schreiben ihre vollständige Adresse an prominenter Stelle ins Heft, z. B. in den Einband, sodass sie immer wieder dort nachsehen können.

EINHEIT: B

Lernziel:
Telefonnummern verstehen und notieren, nach Telefonnummern fragen **CD 1.50**

1 Sprechen und verstehen

Die KT lesen zuerst die Telefonnummern laut vor. Besprechen Sie mit den KT die abgebildeten Texte: Wo findet man Telefonnummern?
Spielen Sie die Dialoge ab, die KT variieren anschließend.

Tipp: Die KT gehen durch den Raum, fragen sich gegenseitig nach der Telefonnummer und notieren sie. Dann führen sie Dialoge zu zweit: „Wie ist die Telefonnummer von Talita?" – „Ihre Telefonnummer ist ..."

Sie können hier noch einmal die Possessivpronomen im Singular („meine", „deine", „Ihre", „seine", „ihre") wiederholen.

Hörtext:

1. ▪ *Wie ist Ihre Telefonnummer?*
   • *Meine Telefonnummer ist 56 37 58 52.*
   ▪ *Ich verstehe nicht. Noch einmal, bitte.*
   • *56 37 58 52.*
   ▪ *Vielen Dank.*

2. ▪ *Wie ist deine Telefonnummer?*
   • *Meine Telefonnummer ist 45 77 99.*
   ▪ *Ich verstehe nicht. Noch einmal, bitte.*
   • *45 77 99.*
   ▪ *Vielen Dank.*

Lernziel:
den Laut [b] im Anlaut und Inlaut identifizieren
CD 1.51

4 B: den Laut identifizieren

Tipp: Spielen Sie die Wörter ein zweites Mal ab. Die KT sprechen die Wörter – silbisch gegliedert – nach (z. B. „arbeiten": [ar] [bei] [ten]).

Hörtext: arbeiten – Brot – Gabel – sieben – Beine – Buch

Lernziel:
Addition bis 10

6 Rechnen lernen

Die KT malen die entsprechende Anzahl der Kästchen mit zwei unterschiedlichen Farben aus und rechnen anschließend.

Tipp: Die KT addieren Gegenstände im Kurs (z. B. Stühle, Tische, Fenster, Taschen, Stifte etc.). Das Ergebnis sollte nicht mehr als 10 betragen.

Lernziel:
Wortfeld
„Farben"

7 Wörter lernen

Fragen Sie die KT, welche Farben sie kennen. Sprechen Sie dann alle Farbadjektive vor, die KT sprechen nach.
Fragen Sie anschließend nach der Farbe der abgebildeten Gegenstände: „Was ist blau?" etc.

Tipp: Sie können mit den KT auch „Ich sehe was, was Sie nicht sehen" spielen: Suchen Sie sich einen Gegenstand im Kursraum aus, nennen ihn aber nicht, sondern nur seine Farbe: „Ich sehe was, was Sie nicht sehen, und das ist rot." Die KT müssen den Gegenstand raten. Dann gibt ein KT die Farbe vor etc.

Tipp: Die KT schreiben die Farbadjektive. Verwenden Sie dazu die Kopiervorlage L5/1. Die KT falten das Blatt an der gestrichelten Linie und decken die Lösung ab. Diktieren Sie langsam die Wörter. Die KT schreiben und überprüfen dann ihre Lösung, indem sie das Arbeitsblatt auseinander falten. Anschließend malen sie die Kreise mit der jeweiligen Farbe aus.

Lernziel:
Wörter lesen und bestimmte Informationen suchen

8 Wörter lesen

Fragen Sie die KT, welche Städte sie in Deutschland kennen. Welchen Anlaut haben die Städte? Die KT suchen die Städte auf einer Deutschland-Karte.

Lernziel:
Wörter mit Hilfe schreiben

9 Wörter schreiben

Tipp: Die KT arbeiten in kleinen Gruppen. Schreiben Sie die Silben „ba", „mu" und „na" an die Tafel. Die KT sammeln und schreiben Wörter, die mit diesen Silben anfangen. Helfen Sie ggf. bei unbekannten Buchstaben. Beispiele:
„ba": „backen – Bad – Bahnhof – bald – Balkon – Ball – Banane – Bank"
„mu": „Mund – Musik – Mutter – Muttersprache – mutig"
„na": „Name – Nase – nass – Nachbar – Nachmittag – Nachricht – Nacht – Nachtisch – Nagel"

Lernziel:
einer Visitenkarte Informationen entnehmen

10 Lesen und verstehen

Tipp: Die KT gestalten eine eigene Visitenkarte.

EINHEIT: T

Lernziel:
nach Telefonnummern fragen und Telefonnummern notieren
CD 1.52

1 Sprechen und verstehen

Besprechen Sie mit den KT zuerst das Bild: Was machen die Frauen? Was sagen sie? Dann lesen die KT die Telefonnummern auf dem Zettel laut vor.
Spielen Sie den Dialog ab, die KT kreuzen an und variieren den Dialog anschließend, wobei sie die Telefonnummer jeweils schriftlich notieren sollen.

Sie können an dieser Stelle auch die Possessivpronomen „ihr/sein" wiederholen: Die KT berichten – nach dem sie den Dialog zu zweit variiert haben – im Kurs: „... hat ein Handy. Seine/Ihre Nummer ist ..."

Hörtext:
- ■ *Gehen wir ins Kino?*
- • *Ich weiß nicht. Hast du ein Handy?*
- ■ *Ja, die Nummer ist 0165/21 43 65.*
- • *Danke. Ich rufe an.*

Lernziel:
den Laut [t] im Anlaut, Inlaut und Auslaut identifizieren
CD 1.53

4 T: den Laut identifizieren

Tipp: Bringen Sie die folgenden Bildkarten zu Berufen in den Unterricht mit: Taxifahrer – Tischler – Elektriker – Automechaniker – Arzt – Polizist – Bäcker – Lehrer. Die KT arbeiten in kleinen Gruppen und ordnen die Bildkarten in vier Gruppen: Berufsnamen mit [t] im Anlaut, Inlaut oder Auslaut und ohne [t]. Fortgeschrittene KT ordnen auch passende Wortkarten zu.

Hörtext: Tisch – acht – Mantel – Topf – Arzt – Straße

Lernziel:
Geldsummen bis 10 Euro addieren

6 Rechnen lernen

Die KT schreiben zu den Abbildungen im Buch die entsprechenden Rechenaufgaben und lösen sie. Die KT sollen hier das „€"-Zeichen lernen und schreiben.

5 € + 2 € = 7 €

Tipp: Bringen Sie Spielgeld in den Unterricht mit. Die KT arbeiten zu zweit und bereiten zwei Rechenaufgaben vor. Dann tauschen die KT die Plätze, notieren und lösen die Rechenaufgaben.

Tipp: Um den Umgang mit Geld vertieft zu üben, eignen sich folgende Aufgaben:
1. Die KT arbeiten zu zweit und suchen die entsprechende Anzahl von Münzen. Wie viele 1-Euro-Münzen entsprechen einem 5-Euro- und 10-Euro-Schein? Wie viele 2-Euro-Münzen entsprechen einem 10-Euro-Schein?

2. Verteilen Sie die Kopiervorlage L5/2 (die Kärtchen mit Bildern bitte ausschneiden). Mit welchen Münzen/Scheinen kann man für die dargestellten Getränke/Speisen bezahlen? Die KT legen zu den einzelnen Bildern die entsprechende Geldsumme (in Münzen und/oder Scheinen). Die KT spielen dann Dialoge im Café (etwas bestellen und etwas bezahlen).
Anschließend schreiben die KT die Rechenaufgaben in ihr Heft (z. B. eine Suppe + ein Saft: „4 € + 2 € = 6 €").

Lernziel:
nach dem Befinden fragen

7 Wörter lernen

Tipp: Kopieren Sie die Bilder einzeln auf Karten. Fragen Sie einen KT: „Wie geht es Ihnen/dir?" und halten Sie eine Karte mit einem Gesichtsausdruck hoch. Der KT antwortet dem Gesichtsausdruck entsprechend. Nun fragt der KT einen anderen KT, wie es ihm geht, und hält eine andere Karte hoch. Der gefragte KT antwortet usw.

Lernziel:
Wörter lesen

8 Wörter lesen

Die KT lesen die Wörter. Lesen Sie anschließend ein Wort laut vor, die KT suchen das vorgelesene Wort.

Tipp: Fragen Sie die KT, welche Informationen man auf einer Visitenkarte findet. Die KT suchen passende Wörter.

Lernziel:
Grußformeln wiederholen und schreiben

9 Wörter schreiben

Besprechen Sie mit den KT die Abbildungen. Die KT schreiben die Grußformeln.

Tipp: Sollte die Aufgabe für Ihre KT zu schwer sein, können Sie die erforderlichen Buchstaben als Buchstabensalat an der Tafel vorgeben.

_____	*tenGu*
______!	*Mrgnoe*

Tipp: Nachdem die KT die Grußformeln geschrieben haben, spielen sie kleine Dialoge: Sie begrüßen sich und fragen nach dem Befinden.

Lernziel:
einem Hörtext bestimmte Informationen entnehmen; über Freizeitaktivitäten sprechen
CD 1.54

10 Hören und verstehen

Hörtext:

- ■ *Hallo Manal, wie geht es dir?*
- • *Danke, gut. Und dir?*
- ■ *Es geht. Was machst du am Samstag?*
- • *Ich gehe ins Kino. Kommst du mit?*
- ■ *Ja, gern.*

Buchstaben – Laute – Silben

Lernziel:
Telefonnummern verstehen und notieren
CD 1.55

1 Hören und verstehen

Tipp: Wenn die KT noch nicht ihre eigene Visitenkarte entworfen haben (s. Tipp auf Seite 44), können sie es an dieser Stelle tun.

Hörtext:

1. *Das ist Boris. Er wohnt in Bonn, Berger Straße 20. Seine Handynummer ist 0175/40 87 69.*
2. *Das ist Uta. Sie wohnt in Ulm, Badener Straße 2. Ihre Handynummer ist 0168/46 90 33.*

Lernziel:
Anlaute identifizieren; Lauten entsprechende Buchstaben zuordnen und notieren
CD 1.56

2 Anlaut identifizieren

Tipp: Die KT sammeln weitere Wörter mit den Buchstaben „u/U", „b/B" und „t/T" im Anlaut.

Hörtext: Bus – Uhr – Tafel – Unterricht – braun – Telefon

Lernziel:
Einzellaute zu einer Silbe synthetisieren und Wörter lesen; Wörter silbisch gliedern

4 Silben hören und lesen

Tipp: Wiederholen Sie mit den KT immer wieder die silbische Gliederung von Wörtern, indem Sie z. B. Wörter aus den Aufgaben zur Buchstaben-Erkennung (in Lektion 5 auf S. 66, 70 und 74) heranziehen.

Lernziel: Wörter lesen und bestimmte Informationen suchen

5 Wörter lesen

Die KT lesen und unterstreichen die Ländernamen. Besprechen Sie mit den KT anhand von einer Weltkarte, wo die Länder liegen. Bei Interesse der KT erklären Sie die Kontinente. Fragen Sie anschließend, welche anderen Länder die KT kennen, und zeigen Sie diese auf der Weltkarte.

Tipp: Fragen Sie die KT nach ihren Herkunftsländern und schreiben Sie die Herkunftsländer als Lückenwörter an die Tafel (die noch unbekannten Buchstaben geben Sie vor, die bereits bekannten werden als Lücke gekennzeichnet).

_ü_kei	*Türkei*
*_l___ie_*	*Albanien*

Die KT ergänzen das „eigene" Land und schreiben es anschließend in ihr Heft von der Tafel ab. Helfen Sie bei unbekannten Buchstaben.

Tipp: Die KT lesen alle Wörter noch einmal und gliedern sie silbisch. Anschließend nennt jeder KT sein Herkunftsland und gliedert es silbisch (z. B. durch Klatschen).

Lernziel: Wörter nach Diktat schreiben
CD 1.57

6 Wörter schreiben

Tipp: Als weitere Schreibübung können Sie ein Kreuzworträtsel vorbereiten. Als Legende (= Worterklärungen) können Sie Bilder aus dem Lehrwerk verwenden oder Sie diktieren die Wörter als Diktat.
Da diese Übungsform den KT bislang unbekannt ist, lösen Sie das erste Kreuzworträtsel mit den KT gemeinsam. Bereiten Sie das folgende Kreuzworträtsel vor dem Unterricht an der Tafel vor. Lesen Sie dann die zu ergänzenden Wörter als Diktat laut vor, jeweils ein KT ergänzt ein Wort. Korrigieren Sie mit den KT gemeinsam die Wörter und zeigen Sie, wo das Lösungswort versteckt ist.

				1.	**L**	A	N	D		
			2.	T	**E**	L	E	F	O	N
3.	A	D	R	E	**S**	S	E			
	4.	N	A	M	**E**					
				5.	**N**	U	M	M	E	R

Hörtext: Gabel – Glas – Tasse – Tee

Lese- und Schreibheft (S. 6 + 7): Hier finden Sie weitere Aufgaben zum Lese- und Schreibtraining.

6 Wann haben Sie Zeit?

Sprechabsichten: nach der Uhrzeit fragen; sich verabreden; ein Formular ausfüllen; nach Gegenständen fragen; Gegenstände benennen; zählen und rechnen (Addition, Subtraktion bis 20)

Buchstaben und Laute: Ei, K, W

Wortfelder: Uhrzeiten, Tageszeiten, Wörter im Kursraum, Verkehrsmittel, Zahlen bis 20, Zehnerschritte

EINHEIT: **Ei**

Lernziel:
sich verabreden;
Tageszeiten
CD 2.02

1 Sprechen und verstehen

Besprechen Sie mit den KT zuerst die Bilder. Fortgeschrittene KT können versuchen, die Wörter unter den Bildern zu lesen.
Spielen Sie den Dialog vor, die KT sprechen nach.
Fragen Sie die KT, wann sie z. B. Hausaufgaben machen, Deutsch lernen, mit ihren Kindern spielen usw. Achten Sie auf die richtige Verwendung der Präposition „am" bzw. „in (der Nacht)".

Tipp: Die KT arbeiten in Gruppen. Kopieren Sie für jede Gruppe die Tageszeiten-Bilder aus dem Lehrbuch sowie einige Tätigkeitskarten. Die KT bringen die Tageszeiten-Bilder in die richtige Reihenfolge, kleben sie kreisförmig auf ein großes Blatt Papier und schreiben die Wörter aus dem Lehrbuch unter die entsprechenden Bilder. Dann ordnen sie die Tätigkeitskarten den Tageszeiten zu und kleben sie dazu. Anschließend fragen sich die KT gegenseitig und antworten: „Wann gehen Sie / gehst du spazieren?" – „Am Nachmittag."

Lernziel:
den Laut [ai] und das entsprechende Graphem kennenlernen

2 Ei: den Laut hören und sprechen

Hier wird zum ersten Mal ein Graphem mit zwei Buchstaben eingeführt. Wiederholen Sie zuerst mit den KT die Laute/Buchstaben „e/E" und „i/I" einzeln und führen dann den Laut [ai] und das Graphem „ei/Ei" ein.

Lernziel:
„ei/Ei" schreiben;
„ei/Ei" in verschiedenen Schriftarten kennenlernen

3 ei und Ei schreiben

Da die Buchstaben „e/E" und „i/I" bereits bekannt sind, wird hier auf die Pfeile zur Erklärung der Schreibrichtung verzichtet.
Achten Sie darauf, dass die KT die Buchstaben in der richtigen Richtung und Reihenfolge schreiben. Schreiben Sie bei Bedarf die Buchstaben an die Tafel und zeichnen Sie die Pfeile ein.

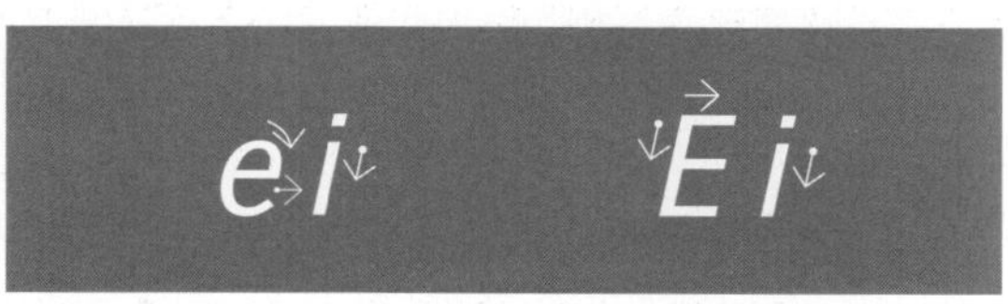

Lernziel:
den Laut [ai] im Anlaut, Inlaut und Auslaut identifizieren
CD 2.03

4 Ei: den Laut identifizieren

Tipp: Spielen Sie die Wörter noch einmal einzeln vor. Die KT nennen jeweils die Laute, aus denen die Wörter bestehen. Notieren Sie die entsprechenden Buchstaben an die Tafel.

Hörtext: Eis – Bleistift – Beine – eins – Fleisch – zwei

Lernziel:
Druckbuchstaben „ei/Ei" erkennen

5 ei und Ei erkennen

Tipp: Fortgeschrittene KT können versuchen, die Wörter in der ersten Zeile zu lesen, auch wenn noch nicht alle Buchstaben bekannt sind (unbekannt: „ü", „z", „w", „ie", „eu", „k").

Lernziel:
Zahlen bis 15, Zehnerübergang beim Addieren

6 Zählen und rechnen lernen

Die KT zählen laut die Kästchen und lesen die Zahlen.

Tipp: Diktieren Sie Zahlen von 1 bis 15, die KT schreiben die Zahlen. Ein KT schreibt an die Tafel. Die KT vergleichen ihre Lösungen mit der Tafel.
Langsamere KT bearbeiten die Kopiervorlage L6/1.

Die KT zählen die Stifte und lösen die Aufgaben.
Erklären Sie den KT, dass sie die zweite Zahl zuerst zerlegen müssen. Beispiel:
6 + 5 = ?
6 + wie viel ist 10? (+ 4)
Wie viel bleibt von 5 übrig? (1)
10 + 1 = 11

Schreiben Sie den Rechenvorgang wie folgt an die Tafel:

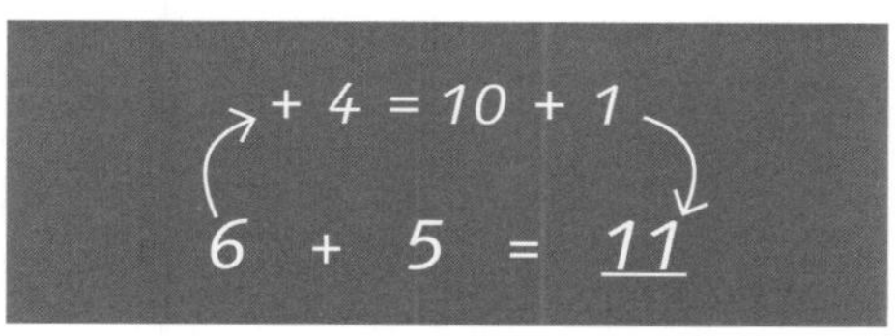

Tipp: Weitere Aufgaben finden Sie auf der Kopiervorlage L6/2. Die KT malen mit zwei Farben bestimmte Anzahl von Kästchen aus, schreiben die entsprechende Rechenaufgabe dazu und rechnen.
Wiederholen Sie mit den KT die Addition jede Stunde. Sie können die Kopiervorlage immer wieder verwenden und neue Rechenaufgaben diktieren.

Lernziel:
Wortfeld „Gegenstände im Kurs"; Personalpronomen „er", „es", „sie"

7 Wörter lernen

Tipp: Gegenstände raten: Die KT legen unterschiedliche Gegenstände auf einen Tisch. Legen Sie über die Gegenstände eine Decke oder ein Tuch. Binden Sie einem KT die Augen zu. Der KT nimmt ein Gegenstand und rät, was das ist. Wenn er es erraten hat, ist der nächste KT dran usw.

Tipp: Die KT können in 7b) auch Farben wiederholen: „Was ist das?" – „Das ist eine Tafel. Sie ist grün."

Lernziel:
Wörter lesen und Wörter in Wortpaaren lernen

8 Wörter lesen

Tipp: Die KT bilden weitere Wortpaare. Schreiben Sie die Wortpaare an die Tafel. Anschließend wählt jeder KT drei Wortpaare aus und schreibt sie in sein Heft ab. Helfen Sie bei unbekannten Buchstaben.

Tipp: Im Lese- und Schreibheft (S. 9) finden Sie eine weitere Aufgabe zu Wortpaaren.

Lernziel:
Wörter schreiben und silbisch gliedern

9 Wörter schreiben

Tipp: Als eine weitere Schreibaufgabe eignet sich eine Wortschlange: Schreiben Sie fünf bis sechs Wörter ohne Lücken dazwischen an die Tafel. Die KT lesen und suchen die „versteckten" Wörter und schreiben sie in ihr Heft ab.

Tipp: Um „ei" weiter zu üben, diktieren Sie die folgenden Wörter als Diktat: *„dein – nein – kein – eine – fein – Wein – Eis – Bein – arbeiten".*

Lernziel:
sagen, was man zu welchen Tageszeiten macht

10 Sprechen und verstehen

Die KT bilden zwei Gruppen: Eine Gruppe arbeitet mit den Bildern links, die andere mit den Bildern rechts (jeweils drei Bilder). Die KT sammeln zu den Bildern Wörter (fortgeschrittene KT notieren sie, langsamere KT sammeln Wörter nur mündlich) und denken sich eine kurze Geschichte dazu aus, die sie anschließend gemeinsam im Plenum erzählen.

EINHEIT: K

Lernziel:
nach der Uhrzeit fragen; Uhrzeiten (volle Stunden) verstehen
CD 2.04 + 2.05

1 Sprechen und verstehen

Besprechen Sie mit den KT zuerst die große Uhr. Erklären Sie den KT, dass der lange Zeiger die volle Stunde, der kurze Zeiger die Stundenzahl anzeigt. Zeichnen Sie an die Tafel eine große Uhr und schreiben Sie die Zahlen 1 bis 12 an das Zifferblatt (Sie können auch die Kopiervorlage L6/3 verwenden). Die KT notieren die Zahlen zu der Uhr im Lehrbuch.

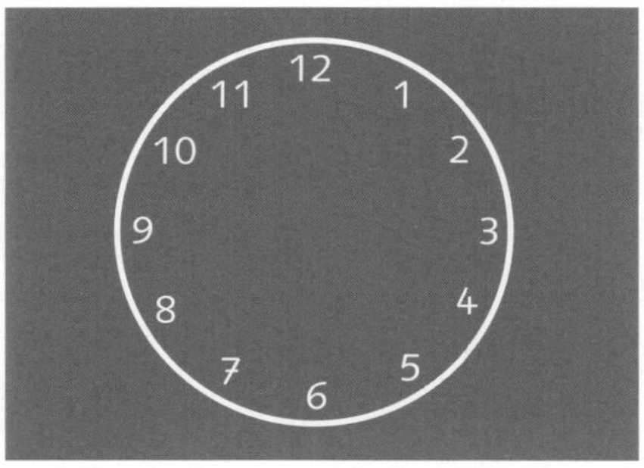

Erklären Sie den KT, welche Uhrzeit auf der großen Uhr im Lehrbuch angezeigt wird. Stellen Sie dann auf der Uhr von der Kopiervorlage unterschiedliche Uhrzeiten dar, die KT sagen, wie spät es ist. Arbeiten Sie mit den Angaben „1 Uhr" bis „12 Uhr" auch für die Nachmittagsstunden, da die KT bislang nur Zahlen bis 15 kennen.

Besprechen Sie mit den KT die kleinen Uhren: „Wie spät ist es?" Die KT versuchen, die Uhrzeiten zu lesen.

Verteilen Sie die Kopiervorlage L6/4 und diktieren Sie verschiedene Uhrzeiten. Die KT zeichnen die Uhrzeiten ein. Zur Kontrolle lesen die KT nacheinander die notierten Uhrzeiten vor. Stellen Sie die Uhrzeiten auf der Uhr von der Kopiervorlage L6/3 dar.

Tipp: In Spielgeschäften gibt es Spiele zu kaufen, mithilfe derer Kinder lernen können, Uhrzeiten zu lesen. Bringen Sie ein solches Spiel in den Unterricht mit und üben Sie mit den KT die vollen Stunden zu lesen.

Hörtext:

1. ■ *Wie spät ist es?*
   ● *Es ist sechs Uhr.*

2. ■ *Entschuldigung, wie spät ist es?*
   ● *Es ist zwei Uhr.*
   ■ *Danke.*

3. ■ *Wie spät ist es?*
   ● *Es ist zwölf Uhr.*
   ■ *Schon so spät?*

4. ■ *Es ist neun. Wir müssen gehen!*
   ● *Wie spät ist es? Neun Uhr? Oh!*

Lernziel:
den Laut [k] im Anlaut, Inlaut und Auslaut identifizieren
CD 2.06

4 K: den Laut identifizieren

Machen Sie die KT darauf aufmerksam, dass auch „g" im Auslaut wie „k" ausgesprochen wird. Im Lese- und Schreibheft (S. 8) finden Sie eine passende Aufgabe dazu: Die KT lesen zuerst die Wörter laut und ergänzen dann die letzten Buchstaben in den Wörtern. Erklären Sie den KT, dass sie durch Verlängerung der Worte (z. B. „ein Tag" – „zwei Tage") erkennen können, ob am Ende eines Wortes „g" oder „k" geschrieben wird.

Hörtext: Koch – Zucker – Kind – Frühstück – Gurke – Paprika – Käse – Musik – Block – Kreide

Lernziel:
Zahlen bis 20;
Addieren bis 20,
Subtrahieren unterhalb von 10

6 Zählen und rechnen lernen

An dieser Stelle kommen zum ersten Mal Subtraktion-Aufgaben vor. Erklären Sie den KT, was das Minus-Zeichen bedeutet und lösen Sie mit ihnen die Aufgaben zuerst gemeinsam mündlich.

Tipp: Spielen Sie mit den KT zur Wiederholung der Zahlen von 1 bis 20 Bingo. Verwenden Sie dazu die Kopiervorlage L4/3.

Lernziel:
Wörter schreiben und das Wortfeld „Lebensmittel" wiederholen

9 Wörter schreiben

Tipp: Die Lernenden arbeiten in Gruppen und machen Plakate zum Thema „Lebensmittel": Sie zeichnen ihnen bekannte Lebensmittel oder schneiden aus Werbeprospekten entsprechende Fotos aus, kleben sie auf ein großes Blatt Papier (A1 oder A0) und beschriften sie. Helfen Sie bei unbekannten Buchstaben.

Tipp: Laufdiktat: Legen Sie ausgewählte Wort- und Bildkarten auf ein Fensterbrett oder auf einen Tisch, der an der Seite des Klassenraums steht. Die KL gehen zum Fensterbrett/Tisch, lesen ein Wort, gehen zu ihrem Tisch und schreiben das Wort in ihr Heft. So fahren sie fort, bis sie alle Wörter abgeschrieben haben. Zum Schluss vergleichen sie ihre Wörter im Heft mit den Wortkarten.

Lernziel:
unbestimmter Artikel und „kein“ im Akkusativ

10 Sprechen und verstehen

Die KT benennen zuerst die Bilder. Schreiben Sie die Nomen mit dem bestimmten Artikel an die Tafel:

der ↗einen ↘keinen	*das ↗ein ↘kein*	*die ↗eine ↘keine*
Bleistift	*Heft*	*Flasche*
Kuli	*Buch*	*Cola*
Apfel		*Banane*

Die KT bilden zuerst nur einzelne Sätze: „Ich habe einen Bleistift.“ oder „Ich habe keinen Bleistift.“ usw. Lesen Sie dann den Dialog vor, die KT variieren den Dialog zu zweit. Zur Erweiterung der Aufgabe können Sie die Wort- und Bildkarten zum Wortfeld „Kursraum“ verwenden.

EINHEIT: **W**

Lernziel:
nach der Uhrzeit fragen; Uhrzeiten (Viertel vor/nach, halb) verstehen
CD 2.07 + 2.08

1 Sprechen und verstehen

Erklären Sie zuerst die beiden kleinen Uhren beim Foto und üben Sie mit den KT Zeitangaben mit ganzen und halben Stunden.
Spielen Sie dann den Dialog vor, die KT zeigen auf die passende Uhr.
Erklären Sie anhand der Uhren in 1c) Zeitangaben mit Viertelstunden („Viertel nach“ und „Viertel vor“).

Tipp: Zum Einüben der Uhrzeiten verwenden Sie die Kopiervorlage L6/4. Diktieren Sie Uhrzeiten (ganze und halbe Stunden, Viertel vor/nach), die KT tragen die Uhrzeiten ein.

Hörtexte zu 1 c):
1. ▪ *Es ist Viertel vor vier. Wann kommt Krystyna.*
   • *Ich weiß nicht.*
2. ▪ *Wann kommt Rani? Um Viertel nach drei?*
   • *Nein, um halb vier.*
   ▪ *Um halb vier? Das ist spät!*

Lernziel:
den Laut [v] im Anlaut und Inlaut identifizieren
CD 2.09

4 W: den Laut identifizieren

Hörtext: Wein – zwei – Ausweis – Möwe – Wörterbuch – Wasser

Lernziel:
Druckbuchstaben „w/W“ erkennen

5 w und W erkennen

Tipp: Die KT unterstreichen in dem Text Silben und Wörter, die sie lesen können, und lesen sie laut.

Lernziel:
Zählen in Zehnerschritten

6 Zählen lernen

Tipp: Verteilen Sie Zahlenkarten mit Zehnerschritten. Die KT stellen sich in der richtigen Reihenfolge auf.
Zur Wiederholung aller bisher bekannten Zahlen können Sie mit Zahlenkarten von 1 bis 20 und Zehnerschritten bis 100 arbeiten. Verteilen Sie verschiedene Zahlenkarten, die KT stellen sich in der richtigen Reihenfolge auf und sagen, welche Zahlen in der Reihe fehlen.

1	4	8	9	15	16	20	50	70	100

Lernziel:
Uhrzeiten verstehen; analoge und digitale Uhren lesen

7 Wörter lernen

Erklären Sie digitale Uhranzeigen: Im ersten Schritt die Stunden (1 bis 24), im zweiten dann die Minuten. Verwenden Sie dazu die Kopiervorlage L6/3 und ergänzen Sie darauf die Zahlen 13 bis 24 (die Zahlen 21 bis 24 und 45 sind noch unbekannt und müssen daher noch erklärt werden) sowie kleine Striche für einzelne Minuten.

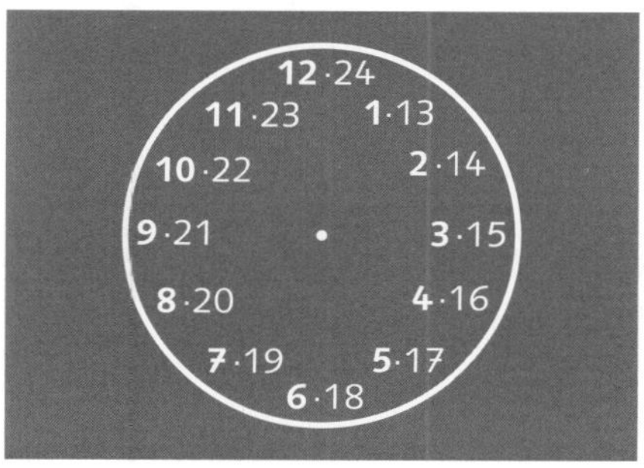

Viertel vor = *15 Minuten*
halb = *30 Minuten*
Viertel nach = *45 Minuten*

Tipp: Die KT bearbeiten die Kopiervorlage L6/5. Die KT lesen zuerst die analogen Uhrzeiten in der rechten Spalte. Langsamere KT können auch zur besseren Orientierung die Zahlen 3, 6, 9 und 12 auf den Uhren ergänzen. Anschließend ordnen sie die digitalen Uhrzeiten zu.

Lernziel:
Wörter lesen und schreiben

8 Wörter lesen und schreiben

Die KT lesen die Wörter und vergleichen sie mit den Bildern. Zu welchem Wort gibt es kein Bild?
Dann decken die KT die Wörter in a) ab und schreiben die Wörter zu den Bildern. Anschließend überprüfen sie ihre Lösungen anhand der Wörter in a).

Lernziel:
unbestimmter Artikel im Akkusativ

9 Sprechen und verstehen

Gehen Sie wie bei „K“ (S. 85, Aufgabe 10) vor.

Buchstaben – Laute – Silben

Lernziel: Wochentage, Uhrzeiten und Freizeitaktivitäten wiederholen

1 Sprechen und verstehen

Die KT lesen die Wochentage. Da die Wochentage bekannt sind, können die KT versuchen, sie zu lesen – trotz der noch unbekannten Buchstaben „ie" (in „Dienstag") und „ch" (in „Mittwoch").
Schreiben Sie dann einen Beispielsatz an die Tafel und markieren Sie dazu ein Satzschema:

Am Montag um 8 Uhr 15 lernt sie Deutsch.
Am ______ um ________ _____ _____ ______.

Die KT bilden anhand des Satzschemas weitere Sätze.

Lernziel: Anlaute identifizieren; Lauten entsprechende Buchstaben zuordnen und notieren
CD 2.10

2 Ei, K, W: die Laute hören

Tipp: Fortgeschrittene KT können versuchen, die ganzen Wörter zu schreiben. Bis auf „ä" in „Käse" sind alle Buchstaben bekannt.

Hörtext: Wurst – Eis – Kaffee – eins – Wasser – Käse

Lernziel: Einzellaute zu einer Silbe synthetisieren und Wörter lesen; Wörter silbisch gliedern

4 Silben hören und lesen

Tipp: Im Lese- und Schreibheft (S. 8 unten) können die KT das Lesen langer Wörter üben. Die KT markieren zuerst die Silben und lesen dann.

Lernziel: Wörter nach Diktat schreiben
CD 2.11

6 Silben und Wörter schreiben

Tipp: Die KT schreiben die Wochentage in Aufgabe 1 ab. Fortgeschrittene Lerner können versuchen, die Wochentage ohne Vorlage zu schreiben.

Tipp: Die KT arbeiten zu zweit und diktieren sich gegenseitig Wörter aus dem Lese- und Schreibheft (S. 8 oben).

Hörtext: Montag – Freitag – lesen – warum

Lernziel: Uhrzeiten verstehen
CD 2.11

7 Hören und verstehen

Die KT lesen die abgebildeten Uhrzeiten.
Spielen Sie die Dialoge vor, die KT kreuzen die Lösung an.
Spielen Sie dann die Dialoge noch einmal vor, die KT sprechen die Dialoge nach und variieren sie anschließend mit anderen Uhrzeiten.

Tipp: Die KT notieren die abgebildeten Uhrzeiten als digitale Uhranzeigen.

Hörtext:

1. ■ *Entschuldigung, wie spät ist es?*
   ● *Es ist halb elf.*
   ■ *Danke schön.*

2. ■ *Wann kommst du?*
   ● *Ich weiß noch nicht. Vielleicht um Viertel vor eins.*
   ■ *O.k., bis dann.*

Lese- und Schreibheft (S. 8 + 9): Hier finden Sie weitere Aufgaben zum Lese- und Schreibtraining.

Station 3

Lernziel: persönliche Angaben im Formular ausfüllen

1 Lesen und verstehen

Im Lese- und Schreibheft (S. 9 unten) sollen die KT ihre eigene Unterschrift üben. Helfen Sie ihnen bei noch nicht bekannten Buchstaben. Fortgeschrittene KT sollen die Unterschrift in Schreibschrift üben, langsamere KT in Druckschrift (ggf. mit minimalen Verbindungen).

Lernziel: Silben lesen

2 Silben lesen

Die KT lesen zuerst die Silben zeilenweise, dann di jeweils untereinander stehenden Pärchen.

Tipp: Nennen Sie Wörter und fragen Sie die KT, mit welcher Silbe die Wörter beginnen (z. B. „die Banane" – „ba"; „die Tafel" – „ta" usw.).

Lernziel: Wörter lesen; Wochentage wiederholen

3 Wörter lesen

Die KT lesen die Wochentage und suchen die fehlenden Tage.
Schreiben Sie an die Tafel die üblichen Abkürzungen der einzelnen Tage und üben Sie mit den KT die Aufzählung der Wochentage.

Mo	*Di*	*Mi*	*Do*	*Fr*	*Sa*	*So*

Lernziel: Wörter nach Diktat schreiben
CD 2.13

4 Wörter schreiben

Hörtext: Kreide – Tafel – Arbeit – Bus

Lernziel: Wiederholung und Bewusstmachung der Verbkonjugation im Präsens (außer 2. und 3. Pers. Pl.)

6 So funktioniert es

Die KT bilden Fragen zu Ali und Anna und antworten. Schreiben Sie alle Verben an die Tafel und markieren die Endung:

er/sie	*komm<u>t</u>*	*-t*
	wohn<u>t</u>	
	trink<u>t</u>	
	kauf<u>t</u>	

Nennen Sie weitere Verben, die KT bilden Sätze mit der 3. Pers. Sg. (Verben z. B. „heißen – fragen – lernen – machen – schreiben – gehen – besuchen" usw.).
Fragen Sie dann einen KT, woher er kommt. Der KT antwortet. Schreiben Sie das Verb in der 1. und 2. Pers. Sg. an die Tafel.

ich komm<u>e</u>	*-e*	*du komm<u>st</u>*	*-st*

Nennen Sie weitere Verben, die KT bilden Sätze zuerst mit der 1. Pers. Sg., dann mit der 2. Pers. Sg.
Die KT führen anschließend zu zweit Dialoge.

7 Haben Sie Zeit?

Sprechabsichten: sich verabreden; einen Termin ausmachen, offizielle Uhrzeiten verstehen; Fahrpläne lesen; zählen
Buchstaben und Laute: Au, P, Z
Wortfeld: Uhrzeiten (offiziell), Zeitwörter, Zahlen 21 bis 100

EINHEIT Au

Lernziel: einen Termin vereinbaren
CD 2.14

1 Sprechen und verstehen

Die KT sammeln zuerst mündlich Wörter zu den Fotos.
Spielen Sie dann den Dialog ab. Die KT hören und suchen ein passendes Foto dazu. Anschließend sprechen sie den Dialog nach und variieren ihn.

Tipp: Wiederholen Sie mit den KT die Uhrzeiten. Die KT arbeiten zu zweit. Jedes Paar bekommt eine Karte mit einer Uhrzeit und einer Freizeitbeschäftigung. Die KT führen anhand der Karte einen Dialog.

Lernziel: den Laut [au] im Anlaut, Inlaut und Auslaut identifizieren
CD 2.15

4 Au: den Laut identifizieren

Tipp: Diktieren Sie den KT die Wörter. Gehen Sie in drei Schritten vor:
1. Sprechen Sie die Wörter einzeln vor. Die KT lautieren die Wörter.
2. Diktieren Sie die Wörter, die KT schreiben die Wörter ins Heft. Ein KT schreibt an die Tafel.
3. Spielen Sie die Wörter von der CD ab und korrigieren Sie die Wörter an der Tafel.

Hörtext: Auto – Daumen – Baum – Frau – Auge – grau

Lernziel: Druckbuchstaben „au/Au“ erkennen

5 au und Au erkennen

Tipp: Alle KT lesen die einzelnen Wörter (noch unbekannt ist „H“ in „Hauptstadt“). Fortgeschrittene KT versuchen, auch den Text zu lesen (noch unbekannte Buchstaben: „ch“, „ck“, „h“ und „p“).

Lernziel: Zahlen verstehen und notieren

6 Zählen lernen

Tipp: Die KT arbeiten zu zweit. Jedes Paar bekommt Zahlenkarten von 1 bis 19. Die Karten liegen verdeckt auf dem Tisch. Ein KT zieht eine Zahlenkarte und liest die Zahl vor. Der andere KT notiert die Zahl und vergleicht dann die geschriebene Zahl mit der Zahlenkarte. Die KT wechseln sich ab.

Lernziel: offizielle Uhrzeiten verstehen und Zeitangaben erfragen
CD 2.16

7 Sprechen und verstehen

Bevor die KT die Aufgabe bearbeiten, können Sie die Aufgabe 6 von Seite 100 vorziehen und mit den KT bei Bedarf die Zahlen von 20 bis 24 und 25 wiederholen/einüben. Wiederholen Sie mit den KT, dass der Tag 24 Stunden hat (verwenden Sie ggf. die Kopiervorlage L6/3).

Hörtext: Es ist 12:05 Uhr. – Es ist 21 Uhr. – Es ist 8:15 Uhr. – Es ist 23 Uhr. – Es ist 22 Uhr.

Lernziel:
Sätze lesen und verstehen

9 Sätze lesen

Die KT lesen die Frage und beantworten sie zuerst mündlich, dann schriftlich mit dem ganzen Satz.
Erweitern Sie die Aufgabe, indem Sie nach der Farbe von anderen Dingen fragen (z. B. Haare, Kleidungsstücke, Gegenstände im Kursraum). Die KT sollen die Antworten schreiben.

Lernziel:
Uhrzeiten (offiziell und nicht offiziell) wiederholen

11 Sprechen und verstehen

Tipp: Bringen Sie ein Fernsehprogramm in den Kurs mit. Die KT lesen die Uhrzeiten. Lesen Sie dann eine Uhrzeit vor, die KT suchen die Uhrzeit im Programm.

EINHEIT P

Lernziel:
„p/P" schreiben; „p/P" in verschiedenen Schriftarten kennenlernen

3 p und P schreiben

Tipp: Die KT suchen in den Lektionen 1 bis 7 Wörter mit „p/P" und schreiben sie ab.

Lernziel:
den Laut [p] im Anlaut und Inlaut identifizieren; [p] und [b] unterscheiden
CD 2.18 + 2.19

4 P: den Laut identifizieren

KT mit arabischer Muttersprache fällt die Unterscheidung zwischen [p] und [b] meistens schwer.
Üben Sie mit den KT den Unterschied in der Aussprache. Beim [b] legen sich die Lippen weich aufeinander, beim [p] sind die Lippen gespannter. Sprechen Sie die Wörter vor, die KT sprechen nach.
Zeichnen Sie dann an der Tafel eine Tabelle mit zwei Spalten:

b/B	*p/P*
Butter	*Park*

Diktieren Sie weitere Wörter. Die Lerner entscheiden, ob das Wort ein „b/B" oder ein „p/P" enthält, und schreiben das Wort in die entsprechende Spalte.

Hörtext (4a): Post – Supermarkt – Ampel – Pizza – Suppe – Polizei
Hörtext (4b): Park – Butter – Brot – Preis – super – aber

Lernziel:
Zählen bis 99

6 Zählen lernen

Erklären Sie, dass zweistellige Zahlen ab 20 im Deutschen immer von hinten nach vorne gelesen werden:

Tipp: Die KT lesen weitere Zahlen (s. Kopiervorlage L7/1). Diktieren Sie dann weitere Zahlen von 1 bis 99. Die KT schreiben sie in ihr Heft. Anschließend lesen die KT die Zahlen reihum im Plenum laut vor.

Lernziel: offizielle und nicht offizielle Uhranzeigen verstehen
CD 2.20

7 Hören und verstehen

Hörtext:
1. Es ist 10:58 Uhr. Hier ist Radio Arabella.
2. ▪ Wann beginnt der Krimi? – • Um 20:15 Uhr.
3. Sie haben eine neue Nachricht: Freitag, 20. Juni, 18:32 Uhr: Hallo Clara, …
4. Es ist 20 Uhr. Guten Abend, meine Damen und Herren. Willkommen bei der Tagesschau.
5. Der ICE nach Göttingen fährt um 13:44 Uhr ab.

Lernziel: kurze Texte lesen und verstehen

8 Sätze lesen

Die KT lesen den Dialog und variieren ihn zu zweit. Verteilen Sie dazu Karten mit verschiedenen Uhrzeiten. Die KT führen Dialoge.

Lernziel: Wörter lesen und silbische Gliederung von Wörtern erkennen

9 Wörter lesen

Tipp: Arbeiten Sie mit Bildkarten, auf denen bekannte Wörter dargestellt sind. Legen Sie zwei Bildkarten auf den Tisch, die abgebildeten Begriffe müssen jeweils eine unterschiedliche Anzahl von Silben haben. Klatschen Sie zu einem der beiden Wörter die Silben. Die KT entscheiden, welche Bildkarte zu den geklatschten Silben passt.

Lernziel: Wörter nach Diktat frei schreiben
CD 2.21

10 Wörter schreiben

Hörtext: Post – Pause – Ampel – Opa

Lernziel: Uhrzeiten verstehen; Termine vereinbaren
CD 2.22

11 Hören und verstehen

Hörtext:

1. ▪ Hast du heute um drei Uhr Zeit?
• Nein, ich habe heute keine Zeit.
▪ Schade.

2. ▪ Haben Sie heute Zeit?
• Ja, um fünfzehn Uhr.
▪ Gut, bis dann.

3. ▪ Haben Sie morgen um 10 Uhr Zeit?
• Nein. Geht es auch um halb elf?
▪ Ja, das geht.

EINHEIT Z

Lernziel: Zeitangaben erfragen und verstehen
CD 2.23

1 Sprechen und verstehen

Erklären Sie den Unterschied zwischen „beginnen" und „enden" und erklären Sie die Bedeutung der Präpositionen „um", „bis" und „von … bis … ":

•	→ •	• → •
um	*bis*	*von … bis …*

Spielen Sie dann den Dialog ab. Die KT entscheiden, welche Uhrzeiten passen, und variieren den Dialog.

Lernziel: den Laut [ts] im Anlaut, Inlaut und Auslaut identifizieren
CD 2.24

4 Z: den Laut identifizieren

Lerner mit türkischer und arabischer Muttersprache sprechen „z/Z" als [z]; ein [ts] ist ihnen nicht bekannt. Spielen Sie die Wörter ein zweites Mal vor, die KT sprechen sie nach.

Hörtext: zehn – Rezept – Zahn – Pilz – Salz – Polizei

Lernziel: Wortfeld „Zeit"

7 Wörter lernen

Erklären Sie die „Zeiteinheiten" und deren Verhältnisse: Wie viele Monate hat ein Jahr? Wie viele Wochen/Tage hat ein Monat? Wie viele Tage hat eine Woche? etc. Verteilen Sie die Kopiervorlage L7/2, die KT ergänzen.

Lernziel: Wörter lesen; Wortfeld „Im Kurs" wiederholen

8 Wörter lesen

Tipp: Bringen Sie Bildkarten mit Gegenständen aus dem Kursraum mit und legen Sie sie offen auf den Tisch. Ein KT wählt in Gedanken eine Bildkarte aus und beschreibt den abgebildeten Gegenstand mit einfachen Sätzen, ohne den Gegenstand zu nennen. Der KT, der den Gegenstand errät, bekommt die Bildkarte.

Buchstaben – Laute – Silben

Lernziel: Zeitangaben erfragen und verstehen; Fahrpläne lesen

1 Sprechen und verstehen

Die KT lesen zuerst die Zeitangaben und die markierten Städtenamen laut und führen anschließend Dialoge mit verschiedenen Partnern.

Tipp: Bringen Sie einen aktuellen Zugfahrplan in den Kurs mit und besprechen Sie ihn mit den KT. Welche Informationen stehen wo?

Lernziel: Einzellaute zu einer Silbe synthetisieren; Wörter lesen

3 Silben hören und lesen

Tipp: Die KT arbeiten in kleinen Gruppen. Jede Gruppe bekommt jeweils einen Satz mit Silbenkarten (s. Kopiervorlage L7/3) und bildet aus den Silben Wörter.

Lernziel: Wörter lesen; sich auf einer Landkarte orientieren

4 Wörter lesen

Bringen Sie eine Deutschlandkarte (politische Karte) mit. Die KT suchen die ihnen bekannten Städte auf der Karte.

Tipp: Bringen Sie Bild- und dazugehörige Wortkarten mit: bei acht KT im Kurs 20 Wort- und 20 Bildkarten in zweifacher Ausfertigung (insgesamt jeweils 40 Wort- und Bildkarten). Legen Sie alle Bildkarten aufgedeckt auf den Tisch. Jeder KT bekommt fünf Wortkarten, nimmt sie verdeckt auf die Hand und liest die Wörter für sich. Benennen Sie nun eine der Bildkarten und entfernen Sie sie vom Tisch. Hat ein KT die entsprechende Wortkarte auf der Hand, legt er sie vor sich ab. Fahren Sie so fort, bis ein KT alle fünf Wortkarten abgelegt hat und „Bingo" ruft. Der KT liest dann die abgelegten Wörter vor.

Lernziel: Wörter nach Diktat frei schreiben
CD 2.25

6 Wörter schreiben

Hörtext: Post – Minute – Zeit – Auto

8 Wann sind Sie geboren?

Sprechabsichten: nach dem Geburtstag, Geburtsort, Alter fragen; das Datum verstehen; ein Formular ausfüllen; Einladung zum Geburtstag verstehen; zählen

Buchstaben und Laute: Ä, H, V

Wortfelder: Monate, Jahreszahlen, Jahreszeiten, Feste und Feiertage

EINHEIT Ä

Lernziel: über eigene Kinder sprechen
CD 2.26

1 Sprechen und verstehen

Besprechen Sie mit den KT zuerst die Bilder. Was machen die Frau und der Mann? Wer sind die Kinder? Spielen Sie dann den Dialog ab, die KT kreuzen an, welches Kinderfoto zum Dialog passt.
Spielen Sie den Dialog noch einmal ab und fragen Sie nach den Namen sowie dem Alter der Kinder. Die KT können versuchen, die Kindernamen im abgedruckten Dialog zu finden. Fortgeschrittene KT lesen den Dialog zu zweit laut vor (noch unbekannte Buchstaben: „h", „ch", „ie").
Fragen Sie die KT nach ihren Kindern.

Tipp: Die KT können Fotos von den eigenen Kindern / der eigenen Familie mitbringen und sich gegenseitig befragen. Sie können das Thema auch um weitere Familienwörter erweitern. Achten Sie dabei darauf, dass die KT die richtigen Formen verwenden: „Das ist meine Tochter … / mein Sohn …"

Lernziel: den Laut [ä] und das entsprechende Graphem kennenlernen

2 Ä: den Laut hören und sprechen

Viele deutsche Wörter, die mit „e/E" geschrieben werden, werden wie [ä] gesprochen (z. B. „Eltern", „er", „Enkel" usw.). Die Schreibweise mit „ä/Ä" findet man oft bei Wörtern, die im Singular ein „a/A" haben (z. B. „Länder" als Plural von „Land") oder eine Ableitung aus Wörtern mit „a/A" sind (z. B. „kalt" von „die Kälte"). Schreiben Sie die folgenden Beispiele an die Tafel. Die KT lesen laut vor:

ein Land	*zwei Länder*
ein Mantel	*zwei Mäntel*
ein Garten	*zwei Gärten*
ein Gast	*zwei Gäste*
tragen	*er trägt*
kalt	*die Kälte*

Lernziel: den Laut [ä] im Anlaut und Inlaut identifizieren
CD 2.27

3 Ä: den Laut identifizieren

Nachdem die KT die Aufgabe durchgeführt haben, fragen Sie nach der Singularform der Nomen im Plural.

Tipp: Die KT arbeiten in fünf Gruppen. Jede Gruppe bekommt zu einem der Bilder Buchstabenkarten, die für das abgebildete Wort notwendig sind, und bringt die Buchstabenkarten in die richtige Reihenfolge. Die Gruppen tauschen die Karten.

Hörtext: Äpfel – Hände – Männer – Ärztin – Mäntel – Gläser

Lernziel:
Zahlen 100 bis 1000 (Hunderterschritte)

6 Zählen lernen

Schreiben Sie zunächst die Zahlen 100 bis 1000 in der richtigen Reihenfolge an die Tafel und sprechen Sie sie vor. Die KT sprechen nach.
Die KT verbinden die Zahlen im Buch in der numerischen Reihenfolge und lesen die Zahlen vor. Anschließend ergänzen sie die Vorgänger- und Nachfolgerzahlen.

Tipp: Drei KT bekommen jeweils eine Karte mit einer Hunderterzahl. Die KT stellen sich in eine Reihe, sodass die Zahlen in der richtigen Reihenfolge sind.

Lernziel:
Wörter lesen und Pluralformen üben

7 Wörter lesen

Die KT lesen die Wörter. Schreiben Sie dann die folgenden Wörter an die Tafel:

ein Land	*ein Apfel*	*eine Wand*
ein Mantel	*ein Pass*	*eine Hand*
ein Garten	*ein Arzt*	*ein Rad*
ein Gast	*ein Glas*	*ein Arm*

Die KT lesen die Wörter und ergänzen die Pluralform mündlich. Danach wählen sie vier Wörter aus und schreiben sie zusammen mit der jeweiligen Pluralform in ihr Heft. Die KT lesen ihre Wörter laut vor.

Lernziel:
Monatsnamen lernen und über Feste sprechen

9 Wörter lernen

Kopieren Sie die Kopiervorlage L8/1 mehrmals. Die KT arbeiten zu zweit. Jedes Paar bekommt je einen Kartensatz mit zwölf Monaten. Die KT lesen die Monatsnamen und bringen sie in die richtige Reihenfolge (noch unbekannte Buchstaben: „j/J“, „v/V“).

Tipp: Schreiben Sie die Monatsnamen mit Lücken für Vokale an die Tafel. Die KT schreiben die Monatsnamen in ihr Heft. Fortgeschrittene KT können die Monatsnamen direkt (ohne Hilfe der Lückenwörter) in ihr Heft schreiben.
Fragen Sie die KT anschließend, welche Feste sie feiern und was sie bei den Festen machen. Wann finden sie statt?

EINHEIT H

Lernziel:
Nach dem Geburtstag fragen
CD 2.28

1 Sprechen und verstehen

Wiederholen Sie mit den KT zuerst die Monatsnamen. Fragen Sie dann, wann Hanna, Martin usw. Geburtstag haben. Die KT lesen den Dialog laut vor (noch unbekannter Buchstabe: „h“).
Spielen Sie dann den Dialog ab, die KT ergänzen den Namen im Kalender.

Tipp: Die KT machen einen Geburtstagskalender für den Kurs und hängen ihn im Klassenraum auf.

Lernziel:
den Laut [h] und das entsprechende Graphem kennenlernen

2 H: den Laut hören und sprechen

An dieser Stelle wird zuerst nur das stimmhafte [h] eingeführt. Das stimmlose Dehnungs-h wird weiter in Aufgabe 6 d) thematisiert.

Lernziel:
den Laut [h] im Anlaut und Inlaut identifizieren
CD 2.29

3 H: den Laut identifizieren

Nachdem die KT die Aufgabe erledigt haben, schreiben sie die Wörter unter die Bilder.

Hörtext: verheiratet – Hose – Heft – Kaufhaus – Hut – Bahnhof

Lernziel:
Wörter lesen; Monatsnamen wiederholen; das stimmlose Dehnungs-h kennenlernen

6 Wörter lesen

In Aufgabe d) wir das stimmlose Dehnungs-h thematisiert. Erklären Sie, dass der Buchstabe „h" einen Vokal verlängern kann, wenn er hinter einem Vokal steht. Schreiben Sie die folgenden Wörter an die Tafel und lesen Sie sie laut vor. Betonen Sie dabei die kurzen bzw. langen Vokale:

die Sonne	*der Sohn*
wollen	*wohl*
stellen	*stehen*

Die KT lesen die Wörter im Buch und unterstreichen „h/H", die ausgesprochen werden. Im Lese- und Schreibheft (S. 12) finden Sie weitere Wörter zum Üben.

Lernziel:
Ordinalzahlen verstehen; das eigene Geburtsdatum sagen
CD 2.30

7 Datum verstehen

An dieser Stelle sollen die Ordinalzahlen nicht umfassend thematisiert und von den KT gelernt werden. Die KT sollen lediglich Ordinalzahlen verstehen und das eigene Geburtsdatum (ggf. auch das der eigenen Kinder) nennen können.

Tipp: Wiederholen Sie mit den KT den Unterschied zwischen „am" (+ Tag, Datum) und „im" (+ Monat). Stellen Sie Fragen, die KT antworten:
Wann findet der Sprachkurs statt?
Wann gibt es keinen Unterricht?
Wann beginnt das Schuljahr?
Wann ist es draußen kalt/warm?
Wann haben Sie Geburtstag?

Hörtext:
- ■ *Wann hat Kalina Geburtstag?*
- ● *Am 11. Februar.*
- ■ *Und Yannick? Wann hat er Geburtstag?*
- ● *Am 25. September.*

EINHEIT V

Lernziel:
Angaben zur Person im Formular ausfüllen
CD 2.31

1 Sprechen und verstehen

Spielen Sie zuerst den Dialog ab (bei geschlossenen Büchern) und fragen Sie die KT: „Wie heißt der Mann? Wo ist er geboren? Wann ist er geboren?"
Schreiben Sie die folgenden Sätze an die Tafel. Die KT ergänzen die Sätze.

Ich bin am ... geboren.
Ich bin in ... geboren.

Da die Jahreszahlen (= Zahlen im Tausenderbereich) noch nicht bekannt sind, reicht es, wenn die KT nur den Tag und den Monat nennen.
Spielen Sie den Dialog noch einmal ab, die KT ergänzen die Angaben.

Lernziel:
den Laut [v] und das entsprechende Graphem kennenlernen

2 V: den Laut hören und sprechen

Erklären Sie, dass der Buchstabe „v/V" entweder wie [f] oder wie [v] ausgesprochen wird, überwiegend allerdings wie [f].

Lernziel:
Wörter lesen

5 Wörter lesen

Weitere Wörter mit „v/V" finden Sie im Lese- und Schreibheft (S. 12). Dort werden auch beide Aussprachevarianten von „v/V" trainiert.

Lernziel:
Zahlen im Tausenderbereich; die eigenen Geburtsdaten nennen
CD 2.32

6 Zählen lernen

Erklären Sie, dass die Jahreszahlen unterschiedlich gelesen werden können: „tausendneunhundertachtzig" oder „neunzehnhundertachtzig".
Die Aufgabe 6c) (Geburtsdaten lesen) richtet sich v. a. an fortgeschrittene Lerner.

Tipp: Kopieren Sie die Seite aus dem Lehrbuch und wiederholen Sie das Ausfüllen des Formulars immer wieder. Im Alltag vieler KT ist das Ausfüllen von Formularen und die Angabe dieser persönlichen Daten sehr wichtig.

Hörtext: Ich bin am 6.4.1983 geboren. Ich bin am 5.8.1992 geboren. Ich bin am 16.1.2004 geboren. Ich bin am 19.9.2001 geboren. Ich bin am 7.7.1956 geboren.

Lernziel:
Sätze lesen; Angaben zur eigenen Person machen

7 Sätze lesen

Tipp: Fragen Sie die KT: „Wann sind Sie geboren? Wo sind Sie geboren? Sind Sie verheiratet?" Die KT schreiben die Antworten in ihr Heft und lesen sie laut vor.

Lernziel:
Jahreszeiten lernen; Monatsnamen wiederholen

8 Wörter lernen

Sprechen Sie die Jahreszeiten in einer anderen Reihenfolge als im Buch vor. Die KT zeigen auf das passende Bild im Buch. Anschließend lesen die KT die Jahreszeiten vor und bearbeiten die Aufgaben im Buch.

Tipp: Die KT arbeiten in vier Gruppen und machen zu den Jahreszeiten (pro Gruppe eine Jahreszeit) ein Plakat. Sie malen oder kleben zu der Jahreszeit Bilder, notieren die entsprechenden Monatsnamen und schreiben weitere, ihnen bekannte Wörter, die zu der Jahreszeit passen. Die KT hängen die Plakate im Kurs auf.

Lernziel:
Datumsangaben wiederholen; Zeitdauer ausdrücken

9 Sprechen und verstehen

Wiederholen Sie zuerst mit den KT die Monatsnamen, die KT schreiben die Monatsnamen untereinander an die Tafel. Nummerieren Sie die Monate und erklären Sie, dass man bei Datumsangaben oft die Zahlen statt der Monatsnamen verwendet.

Tipp: Die KT lesen die Datumsangaben im Kalender und sagen, in welchen Monaten die Ferien liegen. Lassen Sie die KT die Zeitspannen in einem Jahreskalender markieren. Wie lange dauern die Ferien?

Die KT lesen den Dialog (unbekannte Buchstaben: „ie", „sch") und variieren ihn.

Tipp: Die KT schreiben ihre Geburtsdaten einmal mit Monatsnamen und einmal mit Monatszahlen.

Buchstaben – Laute – Silben

Lernziel:
Geburtsangaben wiederholen

1 Sprechen und verstehen

Wiederholen Sie den Unterschied zwischen den Präpositionen „am" (+ Tag, Datum) und „im" (+ Monat).

Besprechen Sie mit den KT, wo sie die Geburtsdaten in ihrem Pass/Ausweis finden.

Lernziel:
kurze Texte lesen

4 Sätze lesen

Tipp: Die KT schreiben analog zu dem Lesetext kurze Sätze zur eigenen Person und lesen sie laut vor. Fortgeschrittene KT können auch weitere Informationen ergänzen, z. B. über die Eltern, Geschwister usw.
Wenn Sie das Schreiben eines eigenen Textes mehr vorbereiten möchten, können Sie die KT zuerst den Text im Lese- und Schreibheft auf Seite 13 unten ergänzen lassen.

Lernziel:
eine Einladung zum Geburtstag lesen und beantworten

5 Lesen und verstehen

Die KT lesen den Text und beantworten die Fragen in a).
Überlegen Sie gemeinsam mit den KT, was man als Antwort schreiben kann. Erklären Sie den KT, welche Textteile (Anrede, Text, Gruß) die Antwort beinhalten muss. Die KT schreiben eine komplette Antwort an die Tafel und schreiben die Antwort von der Tafel ab.

Fortgeschrittene KT können einen eigenen Text schreiben.

Lernziel:
Wörter nach Diktat schreiben
CD 2.33

6 Wörter schreiben

Hörtext: Hände – Käse – woher – Vater

Lese- und Schreibheft (S. 12 + 13): Hier finden Sie weitere Aufgaben zum Lese- und Schreibtraining. Die KT können hier z. B. den Text unten auf Seite 12 lesen. Anschließend arbeiten die KT zu zweit. Sie fragen einander und schreiben einen Text über den anderen KT. Die KT lesen die Texte vor.

Station 4

Lernziel:
Uhrzeiten wiederholen; nach der Uhrzeit fragen

1 Sprechen und verstehen

Besprechen Sie mit den KT, in welchen Staaten die Städte auf der Flugplananzeige liegen, und zeigen Sie die Städte auf einer Europakarte (Helsinki – Finnland, Belgrad – Serbien, Olbia – Italien (Sardinien), Zagreb – Kroatien).

Lernziel:
Wortfeld „Zeitangaben"

3 Wörter lesen

Die KT sammeln zuerst Wörter zum Thema „Zeit". Schreiben Sie die Wörter an die Tafel, die KT lesen die Wörter und bilden mit den Wörtern Sätze. Die KT wiederholen dann Monate und Tage und bearbeiten die Aufgabe.

Tipp: Die KT arbeiten in Kleingruppen. Jede Gruppe bekommt vier Bildkarten: drei zu einem Thema (z. B. Kleidung) und eine Karte, die nicht dazu gehört (z. B. „Mantel – Hose – Hemd – Mann"). Die Lerner schreiben die Wörter auf ein Blatt Papier. Eine andere Gruppe bekommt die Aufgabe, das nicht passende Wort zu finden.

Lernziel:
Wiederholung der Uhrzeiten; Subtraktion im Hunderterbereich

5 Zählen und rechnen lernen

Besprechen Sie mit den KT das Fernsehprogramm: Welche Sendungen kennen die KT? Um wie viel Uhr laufen die Sendungen? Wiederholen Sie mit den KT, wie viele Minuten eine Stunde hat, und ziehen Sie zur Hilfe die Kopiervorlage L6/3. Die KT rechnen im Plenum aus, wie lange die einzelnen Sendungen dauern. Notieren Sie die Ergebnisse an der Tafel. Die KT variieren dann den Dialog.

Lernziel:
temporale Präpositionen „am", „um", „im" und „von … bis" wiederholen

6 So funktioniert es

Schreiben Sie die Fragewörter „Wie lange?" und „Wann?" an die Tafel. Die KT bilden mit den Fragewörtern Fragen und bearbeiten die Aufgaben a) und b). Schreiben Sie die Präpositionen an die Tafel und wiederholen Sie, wann welche verwendet wird. Die KT sammeln Beispiele und ergänzen die Tabelle:

Wann?			*Wie lange?*
im	*am*	*um*	*von … bis*
im Januar	*am Montag*	*um 8 Uhr*	*von 9 bis 10 Uhr*
…			

Tipp: Schreiben Sie die Monatsnamen und Wochentage sowie einige Beispiele für Uhrzeiten auf Karten. Die Karten liegen auf dem Tisch. Ein KT nimmt eine Karte, liest das Wort oder die Uhrzeit laut vor und dann mit der passenden Präposition (z. B.: „Januar – im Januar", „Montag – am Montag", „8 Uhr – um 8 Uhr"). Dann legt er die Karte neben den Stapel und ein weiterer KT zieht eine neue Karte usw., bis alle Karten gezogen wurden. In der zweiten Runde bilden die KT zusätzlich einen Satz mit dem Wort und der Präposition (z. B. „Januar – im Januar – Ich habe im Januar Geburtstag.").

Anschließend bearbeiten die KT die Aufgabe 6 c).

9 Was darf es sein?

Sprechabsichten: Einkaufsdialoge führen; Einkaufszettel schreiben; Preise lesen; Werbeflyer verstehen; rechnen (Preise ausrechnen)

Laute und Buchstaben: Ö, J, Sch

Wortfelder: Einkaufen, Lebensmittel, Mengenangaben, Möbel

EINHEIT Ö

Lernziel: Wortfeld „Obst und Gemüse"; Einkaufsdialoge führen
CD 2.34

1 Sprechen und verstehen

Tipp: Legen Sie Bildkarten mit folgenden Obst- und Gemüsesorten auf dem Tisch aus: Birne – Apfel – Erdbeere – Ananas – Banane – Kiwi – Melone – Traube – Paprika – Brokkoli – Gurke – Salat – Tomate – Kartoffeln – Bohne – Erbsen. Fragen Sie die KT, welche Begriffe sie bereits kennen. Die KT schreiben die Wörter an die Tafel. Fragen Sie die KT, was zum „Obst" und was zum „Gemüse" gehört. Die KT ordnen die Karten in zwei Gruppen.

Die KT spielen dann „Ich sehe was, was du nicht siehst, das fängt mit ... an.": Wählen Sie in Gedanken eine Karte aus und sagen Sie laut: „Ich sehe was, was du nicht siehst, das fängt mit A an." (z. B. für „Apfel"). Die KT raten, welche Karte bzw. Obst- oder Gemüsesorte es ist. Wer die Lösung als Erster nennt, darf die nächste Karte auswählen und den Anlaut nennen usw.

Anschließend bearbeiten die KT die Aufgabe 1.

Tipp: Verteilen Sie die Kopiervorlage L9/1, wobei Sie die Kopiervorlagen jeweils in der Mitte gefaltet haben, sodass die KT zuerst nur die linke Hälfte sehen können. Die KT ergänzen die fehlenden Buchstaben. Dann falten Sie das Blatt auseinander und kontrollieren.

Lernziel: Druckbuchstaben „ö/Ö" erkennen

3 ö und Ö erkennen

Die KT können die Wörter laut lesen (noch nicht bekannt ist „ch" in den Wörtern „Österreich", „Köchin", „östlich" und „nördlich").

Lernziel: Wörter lesen und verstehen

5 Wörter lesen

Tipp: Die KT lesen die Wörter laut vor und klatschen dabei die Silben.
Dann markieren sie die Silben mithilfe von Silbenbögen.

Lernziel: Wortfeld „Lebensmittel"

6 Wörter lernen

Schreiben Sie die Lebensmittel, die die KT nennen, an die Tafel. Fragen Sie, was die KT jeden Tag, nur manchmal oder nie kaufen. Was essen sie gern oder nicht gern?

Tipp: Die KT bringen verschiedene Flyer und Werbeprospekte aus Supermärkten mit. Die KT arbeiten dann in sechs Gruppen. Schreiben Sie die Oberbegriffe an die Tafel: „Obst und Gemüse", „Fleisch", „Milchprodukte", „Getränke", „Süßigkeiten", „Backwaren". Jede Gruppe wählt einen Oberbegriff und macht dazu ein Plakat.

Sie schneiden entsprechende Abbildungen aus den Flyern und Werbeprospekten aus, kleben sie auf ein großes Blatt Papier und schreiben die Wörter dazu. Helfen Sie bei noch unbekannten Buchstaben.

Die KT hängen die Plakate auf. Das Plakat zum Wortfeld „Getränke" können Sie für Aufgabe 10 wiederverwenden. Schreiben Sie die beiden folgenden Sätze an die Tafel:

Ich kaufe ein Brot.
Ich kaufe zwei Brote.

Die KT bilden Sätze mit Lebensmitteln von den Plakaten. Im Vordergrund sollen die Pluralformen stehen (nicht der Akkusativ „ein – einen"). Im Lese- und Schreibheft finden Sie (S. 14) eine weitere Übung zur Bildung von Pluralformen.

Lernziel:
einen Einkaufszettel lesen und schreiben

8 Lesen und verstehen

Legen Sie auf den Tisch Bildkarten mit den Lebensmitteln vom Einkaufszettel und zwei weitere Bildkarten mit Lebensmitteln, die nicht auf dem Einkaufszettel stehen. Die KT lesen den Einkaufszettel und suchen die Bildkarten, die nicht zum Einkaufszettel passen.

Lernziel:
Getränke bestellen

10 Sprechen und verstehen

Die KT variieren mit weiteren Getränken (vom Plakat aus Aufgabe 6).

Tipp: Die KT spielen Szenen im Café (in Gruppen zu viert oder fünft). Die KT stellen eine Getränkekarte zusammen. Ein KT übernimmt die Rolle des/der Kellner/in, die anderen KT stellen Kunden dar. Der/Die Kellner/in nimmt Getränkebestellungen entgegen und notiert sie auf ein Blatt Papier. Die KT wechseln dann die Rollen, sodass jeder einmal die Rolle des/der Kellner/in gespielt hat.

EINHEIT J

Lernziel:
Wortfeld „Lebensmittel"; Einkaufsdialoge führen
CD 2.35

1 Sprechen und verstehen

Wiederholen Sie die Lebensmittel mit den KT mithilfe eines Kreuzwort- oder Suchrätsels. Anschließend lesen die KT die Preise im Buch und bearbeiten die Aufgabe.

Beim Variieren des Dialogs ist es nicht wichtig, dass die KT die Preise richtig ausrechnen, sie können beliebige Zahlen nennen.

Tipp: Bringen Sie Spielgeld in den Unterricht mit oder lassen Sie die KT im Unterricht Spielgeld herstellen (5- und 10-Euro-Scheine sowie Münzen). Die KT spielen zu zweit Dialoge und die Kunden bezahlen mit dem Spielgeld. Sie versuchen, passend zu bezahlen, bzw. der/die Verkäufer/in versucht, die richtige Summe zurückzugeben. Erklären Sie, dass ein Euro 100 Cent entspricht, und helfen Sie beim Ausrechnen der einzelnen Summen.

Lernziel:
Druckbuchstaben „j/J" erkennen

3 j und J erkennen

Die KT lesen die Wörter laut (noch unbekannte Buchstaben: „ü" und „ch"). Erklären Sie deren Bedeutung. Die KT versuchen, ähnliche Wortpaare zu bilden – die Wortpaare müssen „j/J" nicht enthalten.

Lernziel:
Wortfeld „Maß- und Mengenangaben"; einen Einkaufszettel schreiben

6 Wörter lernen

Besprechen Sie mit den KT: Was kauft man in einer Packung, in einer Tüte? Was kauft man am Stück? Was kauft man nach Gewicht? Die KT sammeln Lebensmittel mit den Mengenangaben und schreiben Sie an die Tafel:

eine Packung Nudeln/Reis/Zucker ...
ein Stück Käse/Butter ...

Lernziel:
Einkaufsdialoge führen

7 Sätze lesen

Tipp: Die KT spielen Szenen „Auf dem Markt". Zwei KT spielen Verkäufer/innen, die anderen Kunden. Die Verkäufer/innen legen Bildkarten mit verschiedenen Lebensmitteln auf Tischen aus und notieren dazu Preise. Die Kunden schreiben jeweils einen (kurzen) Einkaufszettel und kaufen dann bei den einzelnen Ständen auf dem Markt ein. Die KT sollen möglichst auch die Mengenangaben und Preise nennen.

Lernziel:
Preise lesen und verstehen; Einkaufsdialoge führen
CD 2.36

9 Preise lesen

Nachdem die KT die Preise gehört, notiert und gelesen haben (z. B. „1,25 Euro" = „ein Euro fünfundzwanzig Cent"), erklären Sie, dass man in der Umgangssprache die Preise auch verkürzt lesen kann (z. B. „1,25 Euro" = „eins fünfundzwanzig"). Die KT lesen die Preise noch einmal laut vor.

Hörtext:

- ■ *Was kostet eine Flasche Saft?*
- ● *1,25 Euro.*

- ■ *Was kostet ein Kilo Äpfel?*
- ● *2,49 Euro.*

- ■ *Was kostet ein Glas Honig und eine Dose Bier?*
- ● *Ein Glas Honig kostet 3,89 Euro und eine Dose Bier 0,87 Euro.*

- ■ *Was kostet eine Gurke?*
- ● *Eine Gurke? 0,98 Euro.*

EINHEIT Sch

Lernziel:
Preise lesen
CD 2.37

1 Sprechen und verstehen

Die KT benennen zuerst die abgebildeten Möbelstücke und lesen die Preise. Dann bearbeiten sie die Aufgabe. Beim Variieren des Dialogs können die KT auch mit Lebensmitteln arbeiten.

Hörtext:

- ■ *Was kostet der Stuhl?*
- ● *180 Euro.*
- ■ *Das ist aber teuer!*

- ■ *Was kostet die Lampe?*
- ● *420 Euro.*
- ■ *Das ist aber teuer!*

- ■ *Was kostet das Regal?*
- ● *30 Euro.*
- ■ *Das ist billig.*

Lernziel:
Wörter lesen;
Reimwörter finden

5 Wörter lesen

Wenn die Aufgabe, Reimpaare zu finden, für Ihre KT zu schwer ist, schreiben Sie die Wörter, die sich reimen, einzeln auf Karten („bleiben – schreiben", „Schrank – krank", „Flasche – Tasche", „Tisch – Fisch"). Legen Sie die Karten auf den Tisch, die KT ordnen die Reimpaare einander zu.
Weitere Reimpaare finden Sie auf der Kopiervorlage L9/2.

Lernziel:
Wortfeld „Möbel"

6 Wörter lernen

Sprechen Sie die Wörter in Aufgabe 6 a) vor. Welche Wörter verstehen die KT? Anschließend sammeln die KT weitere Möbelstücke. Sie können dazu die Abbildungen auf Seite 214 heranziehen. Die KT benennen zuerst die Möbelstücke und variieren die Dialoge anhand der Abbildungen.

Lernziel:
Sätze ohne
Vorgaben schreiben

7 Sätze schreiben

Lassen Sie die KT zuerst einzelne Wörter für bekannte Möbel schreiben (s. Lese- und Schreibheft, S. 15 unten).
Die KT schreiben dann Sätze mit den Möbelstücken und Preisen in Aufgabe 6 und kontrollieren die Sätze gegenseitig.

Lernziel:
kurze Texte lesen
und verstehen;
Pluralformen bilden

8 Lesen und verstehen

Tipp: Die KT zählen und nennen alle Möbelstücke, die auf den Abbildungen auf Seite 214 zu sehen sind. Achten Sie auf die korrekten Pluralformen. Die KT notieren die Singular- und Pluralformen auf Karten und üben zu zweit: Ein KT nennt ein Möbelstück, der andere ergänzt die entsprechende Pluralform.
Anschließend bearbeiten die KT die Aufgabe.

Lernziel:
Personalpronomen
im Akkusativ

9 Sprechen und verstehen

Die KT benennen zuerst die abgebildeten Möbelstücke. Schreiben Sie die Wörter an die Tafel:

ihn	*es*	*sie*
der Schrank	*das Bett*	*die Lampe*
...		

Erklären Sie, dass die Wörter „ihn", „es" und „sie" für die Nomen stehen und man sie verwendet, wenn man die Nomen nicht wiederholen möchte.

Tipp: Die KT arbeiten zu zweit. Jedes Paar bekommt sechs bis neun Wortkarten mit Möbelstücken. Die KT ordnen die Karten nach Genus („der", „das", „die"). Dann zieht ein KT eine Wortkarte und die KT variieren den Dialog mit dem entsprechenden Wort. Dann zieht der andere KT eine Karte usw.
Wenn das Mischen der Genera für Ihre KT zu schwer ist, verteilen Sie zuerst Karten nur mit einem Genus, schreiben Sie das entsprechende Personalpronomen im Akkusativ an die Tafel und lassen Sie den Dialog variieren. Dann sammeln Sie die Wortkarten wieder ein und verteilen Sie Karten mit einem anderen Genus usw.

Wenn Ihre KT etwas fortgeschrittener sind, arbeiten Sie mit Bildkarten.

Buchstaben – Laute – Silben

Lernziel:
Wortfeld „Lebensmittel" wiederholen; Preise lesen; Abkürzungen für Mengenangaben verstehen

1 Sprechen und verstehen

Tipp: Die KT wiederholen zuerst die Lebensmittel, indem sie zusammengehörige Wort- und Bildkarten suchen. Auf dem Tisch liegen zehn Wort- und zehn Bildkarten. Die KT ordnen die Wortkarten den Bildkarten zu. Im nächsten Schritt werden alle Karten gemischt und verdeckt auf den Tisch gelegt. Ein KT deckt zwei Karten auf und sagt laut, was er auf den Karten sieht bzw. liest. Bilden die Karten ein Paar, darf der KT die Karten behalten und zwei weitere Karten aufdecken. Deckt er kein Paar auf, ist der nächste KT an der Reihe usw.

Besprechen Sie anschließend mit den KT den Werbeflyer im Buch und erklären Sie die Abkürzungen für die Mengenangaben. Die KT nennen weitere Lebensmittel mit den passenden Mengenangaben.

Lernziel:
Wörter lesen und silbisch gliedern

2 Silben hören und lesen

Tipp: Wählen Sie Bildkarten mit bekannten Gegenständen aus, schreiben Sie die entsprechenden Wörter auf Karten und zerschneiden Sie sie in einzelne Silben.
Die Bild- sowie die Silbenkarten liegen auf dem Tisch. Die KT bilden aus den Silben Wörter zu den Bildkarten.

Lernziel:
Wörter nach Diktat schreiben
CD 2.38

4 Wörter schreiben

Hörtext: Öl – Tisch – Schrank – Möbel – Teppich – Jogurt

Lernziel:
Einkaufsdialoge führen

5 Sprechen und verstehen

Tipp: Die KT sammeln und schreiben Wortpaare mit Lebensmitteln mit demselben Anlaut (z. B.: „Fisch und Fleisch", „Brot und Brötchen", „Wurst und Wein", „Salat und Salami", „Käse und Kirschen" usw.). Anschließend führen sie mit den Wortpaaren Einkaufsdialoge.

Lese- und Schreibheft (S. 14 + 15): Hier finden Sie weitere Aufgaben zum Lese- und Schreibtraining.

10 Was machen Sie jeden Tag?

Sprechabsichten: über Tagesabläufe sprechen; sagen, wie man etwas findet; Zeitdauer ausdrücken; Notizzettel lesen; Postkarte lesen

Laute und Buchstaben: Ü, St, Sp

Wortfelder: Alltagsaktivitäten

EINHEIT Ü

Lernziel: Alltagsaktivitäten benennen
CD 2.39

1 Sprechen und verstehen

Wenn Sie den Hörtext zum ersten Mal vorspielen, stoppen Sie die CD nach jedem Satz, damit die KT genug Zeit haben, die Zahlen einzutragen. Sagen Sie bei Bedarf die entsprechende Zahl vor jedem Satz vor.

Fortgeschrittene KT können die Abbildung beschreiben und Sätze dazu schreiben.

Hörtext:
Herr Müller schläft. Inge und Lisa essen Kuchen und trinken Limo. Tim fährt Fahrrad. Tante Gerda liest Zeitung. Oma Inge telefoniert. Vincent und Lara sitzen am Computer. Und Frau Müller? Frau Müller muss kochen.

Lernziel: Wörter lesen und verstehen; Zahlen wiederholen

5 Wörter lesen

Nachdem die KT die Wörter gelesen haben, sammeln sie Zahlen mit der Ziffer „fünf" („fünf", „fünfzehn", „fünfundzwanzig" usw.) und lesen sie laut vor.

Lernziel: sagen, was man (nicht) schön findet

6 Wörter lernen

Die KT sammeln weitere Adjektive zu den Smileys und variieren den Dialog. Fragen Sie die KT, was sie toll oder interessant bzw. langweilig finden.

Tipp: Kettenübung: Die KT sitzen im Kreis um einen Tisch herum. Auf dem Tisch liegen zwei Stapel mit Karten: in einem Stapel Bildkarten mit verschiedenen Hobby- und Alltagsaktivitäten, in dem anderen Karten mit Smileys. Die KT ziehen nacheinander eine Bild- und eine Smileykarte und befragen den/die Nachbarn/Nachbarin. Er/Sie antwortet und fragt den/die nächste/n usw.

Lernziel: Sätze bilden und schreiben

8 Sätze schreiben

Tipp: Schreiben Sie die Wörter einzeln auf Karten. Die KT bringen die Wörter in die richtige Reihenfolge. Erweitern Sie die Aufgabe, indem Sie die Sätze aus Aufgabe 7 auch so bearbeiten lassen.

Lernziel: Zeitdauer ausrechnen

9 Rechnen lernen

Die KT beschreiben die dargestellten Situationen. Erklären Sie dann die Abkürzungen „Min." und „Std." und wiederholen Sie die Uhrzeiten. Die KT bearbeiten dann die Aufgabe.

Lernziel:
den eigenen Tagesablauf beschreiben

10 Sprechen und verstehen

Die KT beschreiben die Bilder. Zur Vertiefung können die KT im Lese- und Schreibheft auf Seite 16 die dritte Aufgabe bearbeiten. Die KT schreiben zu jedem Bild einen Satz. Anschließend erzählen sie, was sie am Sonntag machen. Fortgeschrittene KT können auch einen kurzen Text schreiben.

EINHEIT St

Lernziel:
Tagesablauf beschreiben; trennbare Verben
CD 2.40

1 Sprechen und verstehen

Die KT lesen die Wörter laut. Klären Sie die Bedeutung und spielen Sie den Text von der CD ab. Die KT bearbeiten die Aufgabe.

Um die Verwendung der trennbaren Verben zu verdeutlichen, schreiben Sie einen Satz wie folgt an die Tafel:

anrufen
Sandra ruft die Mutter an.

Schreiben Sie Sätze zu allen Bildern an die Tafel und zeigen Sie, wie die Verben „geteilt" werden.

Verteilen Sie die Wortkarten von der Kopiervorlage L10/1. Die KT bilden Sätze und schreiben sie ab. Anschließend formulieren sie die Sätze in der ich- und sie-Form (Sg.).

Hörtext:
Sandra steht um 7 Uhr auf. Am Vormittag kauft sie auf dem Markt ein.
Sie ruft auch ihre Freundin an. Am Nachmittag holt sie ihre Tochter von der Schule ab.
Am Abend sieht sie fern.

Lernziel:
den Laut [scht] erkennen und die entsprechende Buchstabengruppe kennenlernen

2 St: den Laut hören und sprechen

Machen Sie die KT darauf aufmerksam, dass nicht „scht" notiert werden muss.

Lernziel:
Wörter lesen und verstehen

5 Wörter lesen

Nachdem die KT die Wörter gelesen haben, diktieren Sie die Wörter.
Die KT schreiben sie und vergleichen mit den Wörtern im Buch.

Lernziel:
Sätze ohne Vorgaben schreiben

8 Sätze schreiben

Die KT sammeln zuerst Wörter zum Bild und notieren sie an der Tafel. Dann schreiben sie Sätze. Langsamere KT können auch nur einzelne Wörter zum Bild notieren. Die KT können auch zu zweit oder in Kleingruppen arbeiten.

Lernziel:
Subtraktion üben

9 Rechnen lernen

Besprechen Sie mit den KT: Was bedeutet der Stern, was bedeuten die Ringe? Was bedeutet das Flugzeug? Die KT lesen dann die Fragen und versuchen zu rechnen. Sollte die Aufgabe für Ihre KT zu schwer sein, antworten sie nur für sich und schreiben die Antworten.

Lernziel:
Tagesablauf beschreiben

10 Sprechen und verstehen

Tipp: Schreiben Sie zu den Bildern passende Sätze auf Karten, z. B.:

Sandra | *steht* | *um halb 7* | *auf.*

Die KT arbeiten zu zweit. Jedes Paar bekommt Karten zu einem Satz und versucht, mit den Karten einen Satz zu bilden. Anschließend suchen die KT das zu dem Satz passende Bild. Dann tauschen die KT die Karten und bearbeiten den nächsten Satz.

EINHEIT Sp

Lernziel:
Wörter lesen und verstehen

5 Wörter lesen

Tipp: Die KT arbeiten zu zweit. Ein KT liest ein Wort vor, der andere sucht das Wort, zeigt es und liest ein anderes Wort vor usw.

Lernziel:
Wortfeld „Tageszeiten"; Alltagsaktivitäten benennen

6 Wörter lernen

Bevor die KT den Dialog variieren, sammeln sie zu den einzelnen Tageszeiten passende Aktivitäten. Schreiben Sie die Wörter und Ausdrücke an die Tafel.

Lernziel:
kurze Texte lesen und verstehen

8 Sätze lesen

Tipp: Laufdiktat: Schreiben Sie die einzelnen Sätze jeweils auf ein Blatt Papier und verteilen Sie sie im Kursraum. Die KT laufen zu einem der Sätze, lesen das erste Wort, laufen zu ihrem Platz zurück und schreiben das Wort auf. Dann laufen sie erneut zu dem Satz, lesen das nächste Wort und notieren es auf ihrem Platz usw., bis sie den ganzen Satz abgeschrieben haben. Anschließend vergleichen sie den „eigenen" Satz mit der Vorlage. Haben sie alles richtig geschrieben, fahren sie mit dem nächsten Satz fort.

Lernziel:
Sätze lesen und verstehen; Hörverstehen
CD 2.41

9 Hören und verstehen

Hörtext: Mein Name ist Hung. Ich stehe jeden Morgen um sieben Uhr auf. Dann frühstücke ich. Um neun Uhr fängt der Deutschkurs an. Jeden Mittwoch mache ich Sport. Ich spiele Fußball und jeden Samstagabend spiele ich mit Freunden Karten. Das ist immer lustig, das mache ich gern.

Lernziel:
Verben „müssen" und „wollen"

10 Sprechen und verstehen

Erklären Sie die Bedeutung von „müssen" und „wollen". An dieser Stelle soll es nicht um die komplette Konjugation der beiden Verben gehen, die KT sollen erst einmal die ich-Formen lernen.

Buchstaben – Laute – Silben

Lernziel:
Tagesablauf beschreiben; Hörverstehen
CD 2.42

1 Hören und verstehen

Nach der Bearbeitung der Aufgabe schreiben die KT in vier Gruppen einen kurzen Text zu einem der Bilder.

Hörtext:
Meine Frau, meine Tochter und ich frühstücken um sieben Uhr. Meine Frau bringt unsere Tochter in den Kindergarten. Dann kocht sie Mittagessen. Um 12 Uhr holt sie unsere Tochter im Kindergarten ab. Sie essen gemeinsam zu Mittag. Am Nachmittag gehen sie zum Spielplatz. Ich arbeite den ganzen Tag und komme um 18 Uhr nach Hause.

Lernziel:
kurze Texte lesen und verstehen

4 Sätze lesen

Tipp: Besprechen Sie mit den KT, wie der Text richtig heißen muss, damit er mit den Bildern übereinstimmt. Fortgeschrittene KT können den korrigierten Text schreiben, langsamere KT schreiben zu jedem Bild einen Satz.

Lernziel:
Wörter nach Diktat schreiben
CD 2.43

5 Wörter schreiben

Hörtext: Stunde – Stift – Sport – spät – fünf

Lese- und Schreibheft (S. 16 + 17): Hier finden Sie weitere Aufgaben zum Lese- und Schreibtraining.

Station 5

Lernziel:
Postkarte lesen und verstehen

1 Lesen und verstehen

Verteilen Sie die Kopiervorlage Stat 5/1. Besprechen Sie mit den KT, wohin die Adresse und wohin der Text geschrieben werden muss. Wiederholen Sie mit den KT, welche Informationen zu einer Adresse gehören. Die KT schreiben eine Postkarte an einen Freund / eine Freundin und berichten über die Stadt, in der sie leben.

Lernziel:
Wörter lesen; Wortfelder und Oberbegriffe erkennen

2 Wörter lesen

Die KT versuchen zu zweit, ähnliche Wortreihen zu bilden und zu schreiben (drei Wörter zu einem Oberbegriff und ein Wort, das nicht dazu passt). Dann tauschen sie gegenseitig die Wortreihen und suchen die nicht passenden Wörter. Helfen Sie, indem Sie Oberbegriffe für mögliche Wortreihen vorgeben (z. B. Verkehrsmittel, Getränke, Gegenstände im Kursraum, Kleidung).

Lernziel:
trennbare Verben

4 So funktioniert es

Tipp: Schreiben Sie Sätze mit trennbaren Verben auf Wortkarten (s. Einheit „Sp", Aufgabe 1). Die KT bilden mit den Wortkarten Sätze. Anschließend schreiben die KT Sätze mit den Verben aus Aufgabe 4 und lesen sie laut vor.

11 Gefällt Ihnen der Mantel?

Sprechabsichten:	sagen, wie man etwas findet; Werbeflyer lesen; Einkaufsdialoge führen; Orientierungstafel lesen; rechnen (Preise ausrechnen)
Laute und Buchstaben:	Äu, Eu
Wortfelder:	Kleidung

EINHEIT Äu

Lernziel: Wortfeld „Kleidung"; sagen, was (nicht) gefällt

1 Sprechen und verstehen

Besprechen Sie mit den KT zuerst die Bildkarte auf Seite 215. Schreiben Sie die bekannten Kleidungsstücke an die Tafel.

Tipp: Bringen Sie Modekataloge mit. Die KT variieren den Dialog anhand der Abbildungen in den Katalogen.

Lernziel: Wörter lesen und verstehen; Pluralformen wiederholen

4 Wörter lesen

Erklären Sie, dass Wörter (Nomen) mit „au" im Singular oft Plural mit „äu" bilden und auch abgeleitete (verwandte) Wörter oft einen Umlaut haben. Schreiben Sie weitere Beispiele an die Tafel, die KT lesen die Wörter und suchen ein passendes Wort ohne Umlaut:

die Räume	(der Raum)
träumen	(der Traum)
das Gebäude	(bauen)
die Bäuerin	(der Bauer)
das Fräulein	(die Frau)
er läuft	(laufen)

Lernziel: Wortfeld „Kleidung"; nach dem Preis fragen; Preise lesen

5 Wörter lernen

Bevor die KT fragen und antworten, üben sie zu zweit: Ein KT liest ein Wort ohne Artikel vor, der andere wiederholt das Wort mit Artikel.

Tipp: Bilderlotto: Die KT arbeiten zu zweit. Verteilen Sie die Kopiervorlage L11/1. Dazu erhält jedes Paar zwölf dazugehörige Bildkarten. Die KT ordnen die Bildkarten den Wörtern zu und legen sie auf die entsprechenden Wörter.

Lernziel: Wörter ohne Vorgaben schreiben; kurze Texte lesen

7 Sätze schreiben

Bereiten Sie die Übung vor, indem Sie die Kopiervorlage L11/2 verteilen. Die KT schreiben die Wörter und malen die Kleider farbig aus. Fortgeschrittene KT können Sätze zu den Bildern schreiben (z. B. „Der Rock ist blau."), langsamere KT schreiben nur die Farben (z. B. „blau").

Lernziel:
Hörverstehen
CD 2.44

8 Hören und verstehen

Hörtext:

- *Guck mal, wie findest du die Hose?*
- *Ja, sie gefällt mir.*
- *Na ja, aber die Farbe ist nicht so toll. Aber das Kleid hier, das finde ich super.*
- *Wie viel kostet es?*
- *Nur 59 Euro. Das ist nicht teuer.*
- *Gut, dann kaufen wir es.*

Lernziel:
Wortfeld „Kleidung"

9 Sprechen und verstehen

Tipp: Die KT spielen zunächst mit aufgedeckten Karten (man kann die Bilder und Wörter sehen) und ordnen die Bilder den Wörtern zu. Anschließend werden alle Karten gemischt und verdeckt auf den Tisch gelegt. Die KT suchen Bild-Wort-Paare, indem sie jeweils zwei Karten umdrehen. Passen sie zusammen, behält der KT die Karten. Passen sie nicht zusammen, dreht er sie wieder um und der nächste KT ist dran.

EINHEIT **Eu**

Lernziel:
sagen, was gefällt; Personalpronomen im Nominativ und Akkusativ
CD 2.45

1 Sprechen und verstehen

Die KT hören zuerst den Dialog und beantworten die Frage, was Rolf anprobieren will. Anschließend lesen sie die ersten zwei Zeilen des Dialogs. Erklären Sie noch einmal, dass „es" das Wort/Nomen „das Hemd" vertritt. Schreiben Sie die Personalpronomen für alle drei Genera (Maskulinum, Neutrum, Femininum) an die Tafel. Die KT variieren die ersten zwei Zeilen mit den Kleidungsstücken in Aufgabe c).

Die KT lesen den Dialog zu Ende. Erklären Sie, dass das Verb „anprobieren" eine andere Form (= Akkusativ) beim Nomen und entsprechend auch beim Personalpronomen verlangt. Verwenden Sie den Ausdruck „Akkusativ" bei der Erklärung nicht. Schreiben Sie einen einfachen Satz mit dem Verb „kaufen" an die Tafel:

Ich kaufe den Mantel.   Ich kaufe das Hemd.   Ich kaufe die Jacke.

Die KT sammeln Kleidungsstücke und schreiben sie unter den passenden Satz, z. B. „Anzug" unter den linken Satz, „Kleid" unter den mittleren Satz usw. Dann variieren sie die Sätze mit den gesammelten Wörtern.

Erklären Sie, dass das Verb „anprobieren" auch diese Form (= Akkusativ) verlangt. Die KT bilden Sätze mit „anprobieren" – zuerst mündlich, dann schriftlich. Zeigen Sie anschließend die Verwendung der Personalpronomen im Akkusativ anhand der Beispielsätze mit „anprobieren". Die KT variieren die Sätze.

Hörtext:

- *Schau mal, Ralf, das Hemd ist toll.*
- *Ja, es ist schön.*
- *Willst du das Hemd anprobieren?*
- *Ja, ich probiere es an.*

Lernziel:
Den Laut [oi] und die entsprechende Buchstabengruppe kennenlernen

2 Eu: den Laut hören und sprechen

Machen Sie darauf aufmerksam, dass „äu" wie „eu" ausgesprochen wird.

Lernziel:
Wörter lesen und verstehen

4 Wörter lesen

Nachdem die KT die Wörter gelesen und die Kleidungsstücke unterstrichen haben, schreiben sie die unterstrichenen Wörter mit Artikel ins Heft.

Lernziel:
Werbeflyer lesen und wichtige Informationen finden; bis 100 addieren

6 Lesen und verstehen

Achten Sie bei den Antworten auf korrekte Verwendung von Personalpronomen im Nominativ. Die KT ergänzen die Artikel bei den Nomen („Kinderhose“, „Sommerbluse“, „Herrenhemd“, „Sportschuhe“) und nennen das passende Pronomen. Notieren Sie es an der Tafel, damit die KT beim Beantworten der Fragen darauf zurückgreifen können.

Erweitern Sie den Dialog, indem Sie fragen: „Kaufen Sie / Kaufst du die Hose?“ Die KT antworten mit Pronomen: „Ja, ich kaufe sie. Sie ist billig. / Nein, ich kaufe sie nicht. Sie ist teuer.“

Lernziel:
sagen, ob etwas (nicht) passt; Hörverstehen
CD 2.46

7 Sprechen und verstehen

Hörtext:
- ■ *Dagmar, hier sind Hosen im Angebot.*
- • *Wie gefällt dir die hier?*
- ■ *Ja, die Farbe gefällt mir. Ich probiere sie an. ... Schade, sie passt mir nicht. Sie ist zu eng.*

Lernziel:
Sätze ohne Vorgaben schreiben

8 Sätze schreiben

Besprechen Sie die Bilder mit den KT zuerst mündlich. Langsamere KT sammeln und schreiben nur einzelne Wörter, fortgeschrittene KT ganze Sätze.

Buchstaben – Laute – Silben

Lernziel:
Orientierungstafeln lesen und Informationen finden; fragen, wo man etwas findet

1 Sprechen und verstehen

Die KT lesen zunächst die Orientierungstafel. Fragen Sie, wo man solche Tafeln finden kann. Die KT sammeln zu den Oberbegriffen („Kinderkleidung“, „Herrenmode“ usw.) Wörter und schreiben sie an die Tafel. Dann fragen und antworten sie.

Lernziel:
Hörverstehen
CD 2.47

2 Hören und verstehen

Hörtext: Meine Damen und Herren, bitte beachten Sie unsere Sonderangebote. Damenhosen ab 40 Euro finden Sie im ersten Stock. Herrenanzüge ab 80 Euro finden sie im zweiten Stock. Außerdem haben wir für Sie im Angebot Wintermäntel ab 90 Euro im Erdgeschoss.

Lernziel:
Wörter lesen und verstehen; Gegensatz-Paare finden

3 Wörter lesen

Tipp: Die KT schreiben alle Wörter mit „äu“ ins Heft. Welches verwandte Wort mit „au“ passt dazu? Die KT schreiben daneben.

Lese- und Schreibheft (S. 18 + 19): Hier finden Sie weitere Aufgaben zum Lese- und Schreibtraining.

12 Wie gefällt Ihnen die Wohnung?

Sprechabsichten:	über Wohnung und Möbel sprechen; sagen, wie man etwas findet; Wohnungsanzeige verstehen; Einkaufsdialoge führen
Buchstaben und Laute:	Ch
Wortfelder:	Wohnung, Möbel

EINHEIT **ch** („Milch")

Lernziel: sagen, was einem (nicht) gefällt; Hörverstehen **CD 2.48**

1 Sprechen und verstehen

Klären Sie mit den KT die Bedeutung der Adjektive, bevor die KT den Dialog variieren.

Hörtext:
- ■ *Guten Tag, Frau Meier, guten Tag, Herr Meier. So, das ist die Wohnung.*
- ● *Guten Tag, Herr Schneider.*
- ■ *Und? Wie gefällt Ihnen die Wohnung?*
- ● *Ja, sie ist schön. Was sagst du, Hanna?*
- ▲ *Hm, die Wohnung ist zu klein. Und sie ist zu teuer.*
- ■ *Zu teuer? Sie kostet nur 680 Euro im Monat.*
- ▲ *Mir gefällt die Wohnung nicht.*

Lernziel: Wörter lesen und verstehen

4 Wörter lesen

Tipp: Die KT ergänzen bei den Nomen den bestimmten Artikel.

Lernziel: Wortfeld „Wohnung"; eigene Wohnung beschreiben

5 Wörter lernen

Besprechen Sie mit den KT zuerst den Wohnungsgrundriss: Was ist das? Wie viele Zimmer hat die Wohnung? Wo sind welche Zimmer? Was sieht man noch auf dem Grundriss? Anschließend bearbeiten die KT die Aufgabe.

Lernziel: Wohnungsanzeigen lesen und verstehen; Abkürzungen in Wohnungsanzeigen verstehen

6 Lesen und verstehen

Besprechen Sie mit den KT, um welchen Text es sich hier handelt und wo man solche Texte findet. Erklären Sie, was das Wort „warm" in diesem Zusammenhang bedeutet.

Tipp: Bringen Sie Wohnungsanzeigen mit und besprechen Sie sie mit den KT. Gibt es weitere Abkürzungen? Was bedeuten sie? Die KT lesen die Anzeigen dann noch einmal und suchen eine Wohnung aus, die ihnen gefällt.

Tipp: Die Lernenden schreiben eine Anzeige für ihre eigene Wohnung.

Lernziel: Texte schreiben

8 Sätze schreiben

Tipp: Fortgeschrittene KT schreiben einen kurzen Text über ihre Wohnung: Wie viele Zimmer hat die Wohnung? Welche Zimmer? Wie ist die Wohnung (groß, klein, hell usw.)?

EINHEIT **ch** („Buch")

Lernziel: Einkaufsdialoge führen; Fragepronomen „welch-" und Demonstrativpronomen „dies-"
CD 2.49

1 Sprechen und verstehen

Hörtext:

- ■ *Welches Sofa gefällt Ihnen?*
- ● *Dieses. Was kostet es?*
- ■ *Dieses Sofa ist im Angebot. Es kostet nur 99 Euro.*

Lernziel: Wörter lesen und verstehen

4 Wörter lesen

Die KT diktieren sich zu zweit die Wortpaare und schreiben sie in ihr Heft.

Anschließend suchen sie weitere Beispiele für Wortpaare (z. B. „Papier und Stift", „Hemd und Hose" usw.) und schreiben sie auf.

Lernziel: Wortfeld „Möbel"; sagen, was (nicht) gefällt; die eigene Wohnung beschreiben

5 Wörter lernen

Bevor die KT die Aufgabe a) und b) bearbeiten, besprechen Sie mit ihnen die Bildkarte im Buch auf Seite 214. Die KT nennen Möbelstücke, die sie kennen und beschriften sie.

Tipp: Als Hilfe für langsamere KT können Sie Wortkarten verwenden. Die KT ordnen die Wortkarten den abgebildeten Möbelstücken zu und schreiben sie ab.

In Aufgabe c) können Sie mit den KT noch einmal die Personalpronomen im Nominativ wiederholen, indem die KT ihre Aussagen etwas erweitern, z. B.: „Der Sessel gefällt mir nicht. Er ist zu klein/unbequem ..." Wiederholen Sie mit den KT zuerst die Formen des Personalpronomens und schreiben Sie sie an die Tafel.

Fortgeschrittene KT verwenden in Aufgabe d) Formulierungen mit „haben" + Akkusativ („Im Wohnzimmer haben wir ein Sofa, einen Sessel und ein Regal."). Langsamere KT können einfachere Sätze formulieren: „Im Wohnzimmer ist ein Sofa, ein Sessel und ein Regal." Schreiben Sie „Modellsätze" an die Tafel.

Lernziel: Hörverstehen; ein Zimmer beschreiben
CD 2.50

6 Hören und verstehen

Hörtext:

Das ist unser Wohnzimmer. Es ist sehr groß und hell. Wir haben einen Tisch, ein großes Sofa und zwei Sessel. Wir brauchen noch ein oder zwei Bilder, wir haben noch keine. Und einen Teppich brauchen wir auch.

Lernziel: Sätze frei formulieren und schreiben

7 Sätze schreiben

Langsamere KT schreiben nur die abgebildeten Möbelstücke auf.

Buchstaben – Laute – Silben

Lernziel:
Wortfeld „Möbel“;
Hörverstehen
CD 2.51

1 Hören und verstehen

Hörtext:

- ■ *Wir haben ein Bett und einen Spiegel. Aber wir brauchen noch einen Schrank.*
- ● *Ja, wir müssen einen Schrank kaufen. Und einen Teppich.*
- ■ *Nein, wir brauchen keinen Teppich. Ich mag keine Teppiche.*
- ● *O.k., dann keinen Teppich, aber eine Lampe.*
- ■ *Ja, eine Lampe brauchen wir.*
- ● *Gut, dann fahren wir zum Möbelhaus Kruse.*

Lernziel:
phonetische
Varianten von „ch“

2 Wörter lesen

Lesen Sie die Wörter in Aufgabe a) zuerst laut vor und fragen Sie die KT, ob sie einen Unterschied in der Aussprache von „ch“ hören. Erklären Sie, dass man in bestimmten Wörtern „ch“ als ich-Laut ausspricht und in anderen als ach-Laut, dass es sich aber um dasselbe Graphem (den selben Buchstaben) handelt. Bei langsameren KT verzichten Sie auf die Regel, wann genau welcher Laut richtig ist.
Bei fortgeschrittenen KT können Sie die folgende Regel an die Tafel schreiben:

a – lachen	*e – Becher*
o – doch	*i – ich*
u – Tuch	*ä – lächeln*
au – auch	*ö – möchten*
	ü – Küche
	ei – leicht
	eu – euch

Lesen Sie die Wörter noch einmal laut vor. Die KT markieren die Wörter in zwei Farben: Wo hören sie den ich-Laut (in Rot), wo den ach-Laut (in Blau)? Dann lesen die KT die Wörter laut. Weitere Wörter mit „ch“ finden Sie im Lese- und Schreibheft auf Seite 20.

Tipp: Die KT arbeiten in Kleingruppen. Jede Gruppe bekommt zehn Wort- oder Bildkarten und ordnet sie den beiden Spalten zu („ch“ wie „Buch“ oder „ch“ wie „Milch“), z. B. „der Teppich – die Küche – der Becher – das Gesicht – sprechen – rauchen – lachen – die Nacht – die Woche – kochen“.

Lernziel:
Wortfeld „Möbel“;
ein Zimmer
beschreiben

5 Sprechen und verstehen

Bringen Sie Möbelprospekte in den Unterricht mit. Die KT schneiden die Abbildungen aus, kleben Sie auf ein Blatt Papier und beschriften sie. Anschließend beschreiben sie das Zimmer.

Lese- und Schreibheft (S. 20 + 21): Hier finden Sie weitere Aufgaben zum Lese- und Schreibtraining.

Station 6

Lernziel:
Einkaufsdialoge führen

1 Sprechen und verstehen

Wiederholen Sie mit den KT zuerst die Wortfelder „Kleidung“ und „Möbel“.

Tipp: Bilderlotto: Kopieren Sie die Kopiervorlage Stat 6/1 und Stat 6/2 für jeden KT (jeweils Teil A und B). Die KT ordnen die Wortkarten den Bildkarten zu und legen sie auf die Bildkarten.

Lassen Sie die KT als Arbeitsschritt zwischen Aufgabe a) und b) die Sätze ordnen und den Dialog aufschreiben. Die KT lesen den Dialog dann mit verteilten Rollen.

Tipp: Schreiben Sie die Sätze einzeln auf Karten. Die KT bringen die Sätze in die richtige Reihenfolge und schreiben den Dialog ab.

Lernziel:
sagen, was einem (nicht) gefällt; Nomen und Personalpronomen im Akkusativ

3 So funktioniert es

Die KT benennen im ersten Schritt die abgebildeten Gegenstände (mit Artikel) und kreisen die Abbildungen farbig ein (z. B. Maskulina blau, Neutra grün und Feminina rot). Dann lesen sie die Tabelle und markieren die Zeilen mit entsprechenden Farben. Anschließend lesen die KT den Dialog in Aufgabe a), variieren ihn mündlich und bearbeiten die Aufgaben b) und c).

Tipp: Die KT schreiben die drei Personalpronomen im Akkusativ („ihn“, „es“, „sie“) auf Kärtchen. Sagen Sie Sätze mit dem Verb „kaufen“ laut vor (z. B. „Ich kaufe das Hemd.“). Die KT zeigen die entsprechende Karte mit dem Personalpronomen („es“) usw.

Zum Schluss stellen Sie Fragen mit dem Verb „kaufen“ (z. B. „Kaufen Sie die Hose?“). Die KT antworten schriftlich (z. B. „Ja, ich kaufe sie. / Nein, ich kaufe sie nicht.“)

13 Was tut Ihnen weh?

Sprechabsichten: Arztgespräche führen; Körperteile benennen; sagen, wie man sich fühlt und was einem wehtut; eine Notiz lesen und schreiben; einen Termin ausmachen; Tipps geben; Arztschilder lesen

Buchstaben und Laute: ie, C, ck

Wortfelder: Körperteile, Krankheiten, Ärzte

EINHEIT ie

Lernziel:
kurze Texte lesen und verstehen; Wortfeld „Körperteile“

1 Sprechen und verstehen

Besprechen Sie zunächst mit den KT das Foto und die rechts abgebildeten Körperteile. Wer sind die Personen auf dem Foto? Was sagt die Ärztin? Was tut dem Mann weh? Welche Körperteile kennen die KT? Erklären Sie das Verb „wehtun“.

Tipp: Verteilen Sie Bildkarten von bekannten Körperteilen – die KT bekommen jeweils eine Bildkarte, die einzelnen Körperteile können mehrmals verteilt werden. Schreiben Sie die erste Frage an die Tafel („Was tut Ihnen weh?“). Fragen Sie die KT nacheinander, die KT antworten anhand der Bildkarten.

Die KT bearbeiten dann die Aufgabe.

Lernziel:
den Laut [iː] und die entsprechende Buchstabengruppe kennenlernen

2 ie: den Laut hören und sprechen

Erklären Sie, dass das „e“ in „ie“ nicht gelesen wird, sondern das „i“ verlängert.

Tipp: Lesen Sie die Lückenwörter von der Kopiervorlage L13/1 laut vor. Die KT entscheiden, ob das „i“ lang oder kurz ist. (Die KT bearbeiten die Kopiervorlage erst in Aufgabe 4 – s.u.)

Lernziel:
Wörter lesen

4 Wörter lesen

Die KT lesen die Wörter in a). Verteilen Sie anschließend die Kopiervorlage L 13/1, die KT lesen die Sätze und ergänzen „i“ oder „ie“.

In Aufgabe b) können die KT auch Verben mit „-ieren“ an der Tafel sammeln.

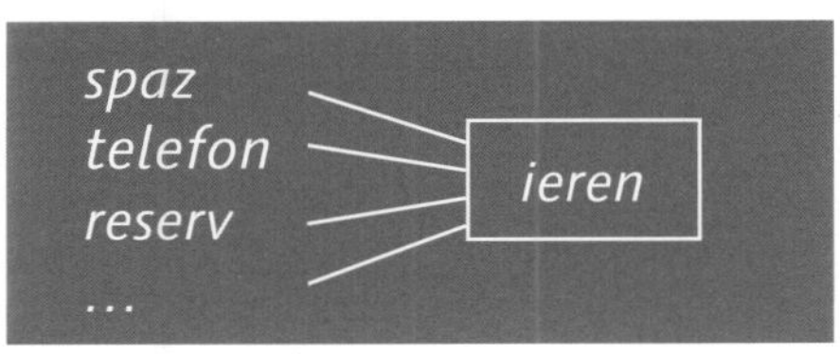

Lernziel:
kurze Texte lesen und verstehen; Dialoge beim Arzt führen
CD 2.52

5 Sätze lesen

Tipp: Wenn die Aufgabe, die Sätze in die richtige Reihenfolge zu bringen, für Ihre KT zu schwer ist, schreiben Sie die einzelnen Sätze auf Karten. Die KT arbeiten in Kleingruppen und ordnen die Karten zu einem Dialog. Welche Sätze spricht die Ärztin? Welche Sätze die Patientin? Zur Kontrolle hören die KT den Dialog. Anschließend schreiben sie den Dialog ab und ordnen die Sätze noch einmal im Kursbuch.

Lernziel:
Wortfeld
„Körperteile"

6 Wörter lernen

Die KT arbeiten zu zweit. Kopieren Sie die Wortkarten mit Körperteilen (Kopiervorlage L13/2) mehrmals, sodass jedes Paar einen Kartensatz bekommt. Die KT ordnen die Karten den Körperteilen auf Seite 213 zu.

Dann lesen die KT die Wörter auf Seite 178 (noch unbekannte Buchstabengruppe „ck" in „Rücken") und verbinden die Wörter mit den entsprechenden Körperteilen.

Lernziel:
Sätze lesen und verstehen; Komposita mit „-schmerzen"

8 Sätze lesen

Die KT lesen den ersten Satz. Erklären Sie, was „Schmerzen" bedeutet. Die KT nennen verschiedene Komposita mit „-schmerzen". Anschließend lesen sie und ergänzen den zweiten Satz.

EINHEIT C

Lernziel:
Wortfeld „Ärzte"

1 Sprechen und verstehen

Zu Aufgabe c): Die KT lesen den Dialog mit verteilten Rollen. Schreiben Sie den letzten Satz wie folgt an die Tafel:

Geh doch zum ...

Verteilen Sie Bild- oder Wortkarten mit Körperteilen. Die KT sitzen oder stehen in einer Reihe, der erste KT sagt – entsprechend der Bild-/Wortkarte – zu seinem Nachbarn: „Ich habe Bauchschmerzen." Der Nachbar antwortet: „Geh doch zum Hausarzt." und sagt zum nächsten KT (der Bild-/Wortkarte entsprechend): „Ich habe ...schmerzen." usw.

Lernziel:
den Laut [k] und die entsprechende Buchstabengruppe kennenlernen

2 c: den Laut hören und sprechen

Der Buchstabe „c/C" steht oft bei Fremdwörtern am Anfang des Wortes und wird meistens wie [k] gesprochen (nicht bei dem Wort „Cent").

Lernziel:
„c/C" schreiben; „c/C" in verschiedenen Schriftarten kennenlernen

3 c und C schreiben

Die KT haben die Schreibweise von „c/C" in Lektion 9 bei „sch/Sch" und in Lektion 12 bei „ch/Ch" gelernt. Bei Bedarf lassen Sie die KT Wörter aus dem Lese- und Schreibheft (S. 22 oben) abschreiben.

Lernziel:
Wortfeld „Arztpraxis" und „Krankenhaus"
CD 2.53

6 Wörter lernen

Machen Sie zusätzlich zusammen mit den Lernenden einen Wortigel zum Thema „Krankenhaus" oder „Arztpraxis".

Hörtext:
1. Guten Tag, ich habe hier ein Rezept.
2. Herr Obermeier, bitte.
3. Schwester, Skalpel, bitte.
4. ... es sieht gut aus, hier sehen Sie Ihr Baby ...

Lernziel:
Notizzettel lesen und verstehen

7 Eine Notiz lesen und verstehen

Erklären Sie den KT, dass bei kurzen Notizen (oder SMS) oft das Personalpronomen weggelassen wird. Die KT lesen die beiden Notizen zum zweiten Mal und ergänzen die Personalpronomen.

Lernziel:
einen Notizzettel schreiben

8 Eine Notiz schreiben

Tipp: Wenn die Aufgabe für Ihre KT zu schwer ist, schreiben Sie eine Notiz mit den KT gemeinsam an der Tafel. Die KT schreiben die Notiz in ihre Hefte ab. Dann arbeiten sie zu zweit und verfassen eine zweite Notiz.

Lernziel:
selektives Hörverstehen
CD 2.54

9 Hören und verstehen

Die KT führen zu zweit Dialoge: Eine Person ruft in einer Arztpraxis an und fragt nach einem Termin. Die Sprechstundenhilfe gibt ihr einen Termin. Wiederholen Sie vorher mögliche Gruß- und Abschiedsformeln am Telefon, z. B. „Guten Tag, mein Name ist ...", „Hallo, hier ist ..." und „Danke, auf Wiederhören." oder „Danke, tschüss.".

Hörtext:
- ▪ *Praxis Doktor Angelika Siebert. Guten Tag.*
- • *Guten Tag, mein Name ist Meier. Ich möchte einen Termin.*
- ▪ *Geht es am Dienstag um 9 Uhr?*
- • *Das geht leider nicht.*
- ▪ *Und am Mittwoch um halb fünf?*
- • *Ja, das geht.*
- ▪ *Gut, dann bis Mittwoch um halb fünf.*

EINHEIT **ck**

Lernziel:
Dialoge beim Arzt führen
CD 2.55

1 Sprechen und verstehen

Tipp: Bevor langsamere KT den Dialog nachspielen, können Sie den Hörtext noch einmal abspielen und stoppen, sobald Frau Lang gesprochen hat. Die KT wiederholen jeweils, was Frau Lang sagt.

Hörtext:
- • *Guten Tag, Frau Lang. Was fehlt Ihnen?*
- ▪ *Ich habe Halsschmerzen.*
- • *Haben Sie auch Kopfschmerzen?*
- ▪ *Ja, mein Kopf tut weh.*
- • *Machen Sie bitte den Mund auf. Sie haben eine Grippe. Bleiben Sie eine Woche zu Hause. Hier ist ein Rezept für Tabletten.*
- ▪ *Danke.*
- • *Kommen Sie am Freitag wieder.*
- ▪ *Ja, vielen Dank. Auf Wiedersehen.*

Lernziel:
den Laut [k] und die entsprechende Buchstabengruppe kennenlernen

2 ck: den Laut hören und sprechen

Machen Sie deutlich, dass der Buchstabe „c" im „ck" nicht gesprochen wird. Erklären Sie, dass das „ck" immer einem kurzen Vokal folgt.

Lernziel:
„ck" schreiben; „ck" in verschiedenen Schriftarten kennenlernen

3 ck schreiben

Die KT haben die Schreibweise von „c/C" in Lektion 9 und in Lektion 12 sowie die Schreibweise von „k/K" in Lektion 6 gelernt.

Lernziel:
Wörter lesen; Wortfeld „Lebensmittel" wiederholen

4 Wörter lesen

Nachdem die KT die Wörter gelesen haben, unterstreichen sie die Wörter, die Lebensmittel bezeichnen. Danach bearbeiten sie Aufgabe b).

Lernziel:
Wortfeld „Krankheiten"; Empfehlungen geben; Imperativ: Sie-Form

5 Wörter lernen

Schreiben Sie die Imperativsätze, die bei der Dialogvariation verwendet werden, an die Tafel, z. B.:

Nehmen Sie Hustensaft!
Bleiben Sie im Bett!
Essen Sie viel Obst!
Trinken Sie Tee!

Erklären Sie die Imperativform für „Sie". Weisen Sie darauf hin, dass Imperativsätze oft mit Ausrufezeichen beendet werden.

Tipp: Schreiben Sie die Imperativsätze von Seite 184 und 186 (nur Sie-Formen) auf einzelne Karten und legen Sie die Karten verdeckt auf den Tisch. Ein KT zieht eine Karte und liest den Imperativsatz laut vor, sein Nachbar führt den Befehl spielerisch vor. Dann zieht er eine Karte, liest den Satz usw.

Lernziel:
Imperativ: du-Form

6 Sprechen und verstehen

Greifen Sie auf die Imperativsätze aus Aufgabe 5, die an der Tafel notiert wurden, zurück. Schreiben Sie daneben die Sätze mit der du-Form und erklären Sie die Imperativformen für „du".

Nehmen Sie Hustensaft! Nimm Hustensaft!
...

Führen Sie die Aufgabe mit den KT zuerst im Plenum durch. Anschließend variieren die KT den Dialog zu zweit.

Lernziel:
Empfehlungen geben; Imperativ

7 Sätze lesen und verstehen

Zum Schluss formulieren die KT die Imperativsätze in die Sie-Form um.

Buchstaben – Laute – Silben

Lernziel: Wörter nach Diktat schreiben; Sätze frei schreiben
CD 2.56

3 Wörter schreiben

Hörtext: krank – Termin – Rezept – Zahn

Lernziel: Arztschilder verstehen; Uhrzeiten wiederholen

5 Sprechen und verstehen

Fragen Sie die KT, wo sie solche Schilder sehen können und welche Informationen sie dort finden. Erklären Sie, was „Sprechzeiten" und die Formulierung „nach Vereinbarung" bedeuten. Wiederholen Sie ggf. die Wochentage und die Uhrzeiten.

Die KT lesen die Schilder, fragen und antworten zu zweit.

Fragen Sie die KT anschließend:
„Ihr Kind ist krank. Zu welchem Arzt gehen Sie?"
„Sie brauchen eine Brille. Zu welchem Arzt gehen Sie?"
„Sie sind schwanger. Zu welchem Arzt gehen Sie?" usw.

Tipp: Die KT schreiben die Sprechzeiten ihres Arztes/ihrer Ärztin sowie die Öffnungszeiten einer Apotheke ab und bringen sie in den Kurs mit. Die KT hängen sie im Kurs auf und lesen sie laut vor.

Lese- und Schreibheft (S. 22–24): Hier finden Sie weitere Aufgaben zum Lese- und Schreibtraining.

14 Wie komme ich zum Bahnhof?

Sprechabsichten: nach dem Weg fragen; den Weg beschreiben; Verkehrspläne (U-/S-Bahn) und Stadtpläne lesen

Buchstaben und Laute: ß, Qu, X, Y

Wortfelder: Verkehrsmittel, Stadt, wichtige Institutionen

EINHEIT **ß**

Lernziel: globales Hörverstehen; Wortfeld „Stadt"
CD 2.57

1 Sprechen und verstehen

Besprechen Sie mit den KT zuerst die Fotos: Was ist dort abgebildet? Die KT schreiben die Wörter zu den (kleinen) Fotos. Achten Sie bei der Dialogvariation auf die korrekte Verwendung der Präpositionen („zur", „zum", „mit der" und „mit dem").

Hörtext:
- *Wie komme ich zur Post?*
- *Sie müssen mit der U-Bahn fahren. Linie 3.*

Lernziel: Verben „einsteigen", „aussteigen" und „umsteigen"

5 Wörter lernen

Wiederholen Sie die trennbaren Verben. Die KT schreiben einen Satz mit jedem der Verben.

Lernziel: Hörverstehen; Informationen mündlich wiedergeben; einen Fahrplan verstehen
CD 2.58

6 Hören und verstehen

Besprechen Sie mit den KT den Fahrplan: Was bedeuten die Linien und die Farben der Linien? Wie sind dort Haltestellen markiert? Die KT lesen die Namen der Haltestellen.

Tipp: Bringen Sie einen U-, S-Bahn- oder einen Bus-Linienplan aus Ihrer Stadt oder einer nahgelegenen Stadt in den Kurs mit. Besprechen Sie den Plan mit den KT: In der Nähe welcher Haltestelle wohnen die KT? Fahren Sie oft mit der U- und S-Bahn oder dem Bus? Wie orientieren sie sich dort?

Hörtext:
- *Jana, wie müssen wir fahren?*
- *Wir fahren bis zum Zoo. Dann steigen wir um.*
- *Und dann?*
- *Dann fahren wir mit der U2 bis zur Bismarckstraße. Dort steigen wir aus.*

Lernziel: Sätze schreiben

8 Sätze schreiben

Die KT bearbeiten die Aufgabe zuerst mündlich, dann schriftlich.

EINHEIT **Qu**

Lernziel:
lokale Angaben machen; die Präposition „neben"

1 Sprechen und verstehen

Die KT lesen zuerst den Mini-Dialog und suchen auf dem Bild das Krankenhaus sowie die U-Bahn-Station. Erklären Sie die Bedeutung von „neben".

Kopieren Sie das Bild von Seite 196 auf eine Overhead-Folie. Die KT suchen auf dem Bild die im Buch auf Seite 194 genannten Gebäude. Anschließend variieren sie den Mini-Dialog anhand des Bildes.

Lernziel:
lokale Angaben machen;
die Präpositionen „vor" und „hinter"

5 Wörter lernen

In 5c) werden die Präpositionen „vor" und „hinter" eingeführt. Wiederholen Sie an dieser Stelle auch die Präposition „neben". Erklären Sie den KT, wann nach den Präpositionen der Artikel „dem" und wann der Artikel „der" („vor/hinter/neben dem Supermarkt" vs. „vor/hinter/neben der Post") verwendet wird. Die KT unterstreichen die Maskulina und Neutra blau (= „dem") und die Feminina rot (= „der").
Sie können die Nomen auch an der Tafel sortieren lassen:

vor/hinter/neben dem	*vor/hinter/neben der*
Supermarkt	*Post*
Café	*Bank*
...	

Tipp: Variieren Sie mit einem Stuhl im Kursraum. Stellen Sie den Stuhl hinter, vor oder neben einen Tisch. Die KT bilden Sätze („Der Stuhl steht hinter/vor/neben dem Tisch.").

Tipp: Machen Sie ein Ratespiel: Nennen Sie die Lage eines Gebäudes auf dem Bild (z. B. „Es ist neben der Bank."), die KT raten (Lösung z. B. „Es ist die U-Bahn-Haltestelle." oder „Es ist das Restaurant.").

Lernziel:
Sätze frei schreiben; lokale Angaben machen

6 Sätze lesen und verstehen

Tipp: Arbeiten Sie mit der Bildkarte auf Seite 214 („In der Wohnung") und fragen Sie die KT nach einzelnen Möbelstücken, z. B.: „Wo steht die Kommode?" Die KT antworten mündlich. Anschließend wählen sie fünf Möbelstücke und schreiben fünf Sätze.

Lernziel:
lokale und temporale Angaben verstehen
CD 2.59

7 Hören und verstehen

Die KT beschreiben zuerst, wo sich das Kino auf den drei kleinen Skizzen befindet („hinter dem Bahnhof", „hinter der Post", „vor/neben der Post", „neben dem Bahnhof") und welche Uhrzeit die drei Uhren anzeigen. Dann hören sie den Dialog und bearbeiten die Aufgabe.

Hörtext:

- • *Hallo, Sascha! Wo bist du?*
- ▪ *Ich bin noch im Büro. Gehen wir heute ins Kino?*
- • *Ja, gern. Wo ist das Kino eigentlich? Hinter dem Bahnhof?*
- ▪ *Nein, nein, vor dem Bahnhof, rechts neben der Post.*
- • *Gut. Und wann beginnt der Film?*
- ▪ *Um acht Uhr.*
- • *Dann komme ich Viertel vor acht.*
- ▪ *O.k., dann bis später.*
- • *Bis später.*

EINHEIT **X**

Lernziel: Wegbeschreibungen verstehen
CD 2.60

1 Sprechen und verstehen

Besprechen Sie mit den KT zuerst den Stadtplan: Wie sind dort Straßen eingezeichnet? Was bedeuten die grünen und blauen Flächen? Was bedeuten die verschiedenen Symbole (Bushaltestellen, Parkplätze, Kirchen, Taxistände, Post, Toilletten usw.)? Die KT versuchen, die Straßennamen zu lesen.

Die KT hören den Dialog und zeichnen den Weg auf dem Stadtplan ein. Der Ausgangspunkt für die Wegbeschreibung ist der Ludgerplatz (roter Punkt unten rechts).

Tipp: Bringen Sie einen Stadtplan von Ihrer Stadt mit und besprechen ihn mit den KT.

Hörtext:

- • *Entschuldigung, wie komme ich zum Bahnhof?*
- ▪ *Gehen Sie hier die Schorlemerstraße geradeaus, dann weiter geradeaus und die dritte Straße nach rechts.*
- • *Ist es weit?*
- ▪ *Nein, fünf Minuten.*
- • *Vielen Dank.*
- ▪ *Bitte, bitte.*

Lernziel: Wortfeld „Wegbeschreibung"; den Weg beschreiben

5 Wörter lernen

Thematisieren Sie zunächst die Ausdrücke „geradeaus", „nach links" und „nach rechts". Lotsen Sie einen KT durch den Unterrichtsraum zur Tür oder zum Papierkorb.

Danach lesen die KT die Stichworte zu Wegbeschreibungen in Aufgabe b) und beschreiben die Wege zuerst mündlich, dann schriftlich.

Tipp: Arbeiten Sie mit einem Stadtplan von Ihrer Stadt. Der Ausgangspunkt ist der Sprachkurs. Die KT beschreiben die Wege zur Post, zum Krankenhaus, zur Bushaltestelle usw.

Lernziel: Wegbeschreibungen verstehen
CD 2.61

6 Hören und verstehen

Hörtext: Rita steht auf dem Ludgerplatz. Sie geht geradeaus, die Königinstraße entlang bis zur Bushaltestelle. Dann geht Sie nach rechts und gleich wieder nach links. Dann geht Sie die zweite Straße nach rechts und wieder nach rechts. Dann geht sie geradeaus, am Krankenhaus vorbei. An der Kreuzung Windthorststraße und Von-Vincke-Straße geht sie nach rechts. Dann weiter geradeaus bis zu einem Platz. Wie heißt der Platz?

Lernziel:
kurze Texte lesen und verstehen; Wörter und Satzgrenzen erkennen

7 Lesen und verstehen

Die KT schreiben den Text ab und ergänzen auch die Satzzeichen (Satzpunkte).

EINHEIT y

Lernziel:
lokale Angaben machen

1 Sprechen und verstehen

Die KT lesen den ersten (linken) Dialog. Fragen Sie die KT, wohin Yvonne geht. Schreiben Sie an die Tafel:

Wohin?	*Wo?*
→ •	•
Yvonne geht zum Zahnarzt.	

Die KT sammeln anhand der Fotos weitere Möglichkeiten: „zum Bäcker", „zur Post/Bank/Apotheke". Notieren Sie die Ausdrücke an der Tafel.
Die KT lesen den zweiten (rechten) Dialog. Fragen Sie die KT, wo Yvonne ist, und ergänzen Sie das Schema an der Tafel:

Wohin?	*Wo?*
→ •	•
Yvonne geht zum Zahnarzt.	*Yvonne ist beim Zahnarzt.*

Die KT sammeln wieder weitere Möglichkeiten, notieren Sie die Ausdrücke an der Tafel: „beim Bäcker", „bei der Post/Bank/Apotheke".
Erklären Sie anschließend den Unterschied zwischen „nach Hause" und „zu Hause".
Die KT variieren nacheinander die Dialoge.

Lernziel:
die Laute [i], [ü], [j] und den entsprechenden Buchstaben kennenlernen

2 y: den Laut hören und sprechen

Da der Buchstabe „y/Y" auf drei verschiedene Arten ausgesprochen werden kann ([i], [ü], [j]), werden hier drei Merkwörter mit entsprechenden Bildern eingeführt.

Lernziel:
Wortfeld „Geschäfte"

5 Wörter lernen

Bei fortgeschrittenen KT können Sie hier die Präposition „in" einführen. Die Präpositionen „zu" (auf die Frage „wohin?") und „bei" (auf die Frage „wo?") werden v. a. bei Personen verwendet („Bäcker", „Zahnarzt" usw.). Bei Gebäuden und anderen Orten benutzt man die Präposition „in" („wohin? – in den Supermarkt" vs. „wo? – im Supermarkt").

Die KT schreiben zu den Bildern jeweils zwei Sätze, z. B.: „Ich gehe zum Bäcker. Ich bin beim Bäcker."

Lernziel:
selektives Hörverstehen; lokale Angaben verstehen
CD 2.62

6 Hören und verstehen

Hörtext:
- *Rolf, wo bist du?*
- *Ich bin noch beim Frisör.*
- *Aha. Bring bitte Brot mit.*
- *Gut, ich gehe dann noch zum Bäcker.*
- *Danke.*

Lernziel:
lokale Angaben machen

8 Würfelspiel

Die KT spielen in Kleingruppen. Der erste KT würfelt und bildet zwei Sätze der Augenzahl und den Vorgaben entsprechend, z. B. bei der Augenzahl 1: „Ich gehe zum Bäcker. Dann bin ich beim Bäcker."

Buchstaben – Laute – Silben

Lernziel:
Wortfeld „wichtige Institutionen in der Stadt"

1 Sprechen und verstehen

Besprechen Sie mit den KT, was die Schilder bedeuten. Die KT schreiben zu den Schildern Wörter. Anschließend suchen sie die Wörter in Aufgabe 3 und überprüfen die eigene Schreibweise.

Tipp: Die KT arbeiten in Gruppen. Jede Gruppe wählt ein Schild aus und macht dazu ein Wörternetz. Die Wörternetze werden im Kursraum aufgehängt und gemeinsam besprochen.

Lernziel:
Wörter lesen und verstehen; das Wortfeld „wichtige Institutionen in der Stadt" wiederholen

3 Wörter lesen und verstehen

Tipp: Komposita üben: Die KT arbeiten zu zweit. Kopieren Sie mehrmals die Wortkarten von der Kopiervorlage L 14/1, sodass jedes Paar einen Kartensatz bekommt. Die KT bilden Wörter und ergänzen den Artikel.

Lernziel:
Sätze und kurze Texte frei schreiben

5 Sätze schreiben

Besprechen Sie die Bilder mit den KT zuerst mündlich. Die KT notieren an der Tafel einzelne Wörter zu den Bildern und schreiben anschließend eine kurze Geschichte in ihr Heft. Langsamere KT schreiben zu den Bildern jeweils nur einen Satz.

Lese- und Schreibheft (S. 25–27): Hier finden Sie weitere Aufgaben zum Lese- und Schreibtraining.

Station 7

Lernziel:
globales und
selektives
Hörverstehen
CD 2.63

1 Hören und verstehen

Hörtext:

- *Praxis Dr. Schulte.*
- *Guten Tag, Yilmaz hier. Ich möchte einen Termin.*
- *Gern. Geht es am Freitag um 14 Uhr?*
- *Ja, das geht.*
- *Schön, dann notiere ich es gleich ... Freitag, um 14 Uhr.*
- *Ich habe noch eine Frage: Wie komme ich zu Ihrer Praxis?*
- *Die Adresse ist Karlstraße 68. Am besten fahren Sie mit der U-Bahn, Linie 2. Dann müssen Sie geradeaus gehen und die erste Straße nach rechts. Neben dem Supermarkt ist unsere Arztpraxis.*
- *Vielen Dank. Bis Freitag.*
- *Auf Wiedersehen.*

Lernziel:
Konjugation der
Modalverben
„müssen" und
„wollen" im Präsens

3 So funktioniert es

Besprechen Sie mit den KT zuerst, welche Tätigkeiten die Fotos beim ersten (linken) Dialog darstellen („Hausaufgaben machen" + „Musik hören", „das Zimmer aufräumen" + „fernsehen"). Die KT lesen dann den Dialog und variieren.

Fragen Sie die KT, was sie heute machen müssen und was sie machen wollen.
Die KT notieren die Vorschläge an der Tafel und variieren den Dialog damit.

Die KT lesen den zweiten (rechten) Dialog und variieren ihn.
Anschließend lesen die KT die Tabelle. Erklären Sie die Konjugation.

Tipp: Schreiben Sie die einzelnen Verbformen von beiden Verben und die Personalpronomen auf Wortkarten. Die KT arbeiten zu zweit und ordnen die Verbformen den Personalpronomen zu.
Die KT können auch ein Würfelspiel spielen: Ein KT würfelt und nennt die der Augenzahl entsprechende Verbform laut (1 Auge = ich, 2 Augen = du, 3 Augen = er/sie, 4 Augen = wir, 5 Augen = ihr, 6 Augen = Joker: der KT darf eine beliebige Form nennen).

↓						
M	a	a	l	m	M	a
						A
m	l	a	M	A	L	M
l						
L	A	m	a	A	M	e
						L
M	a	m	l	a	m	L
M						
L	A	A	M	l	M	A

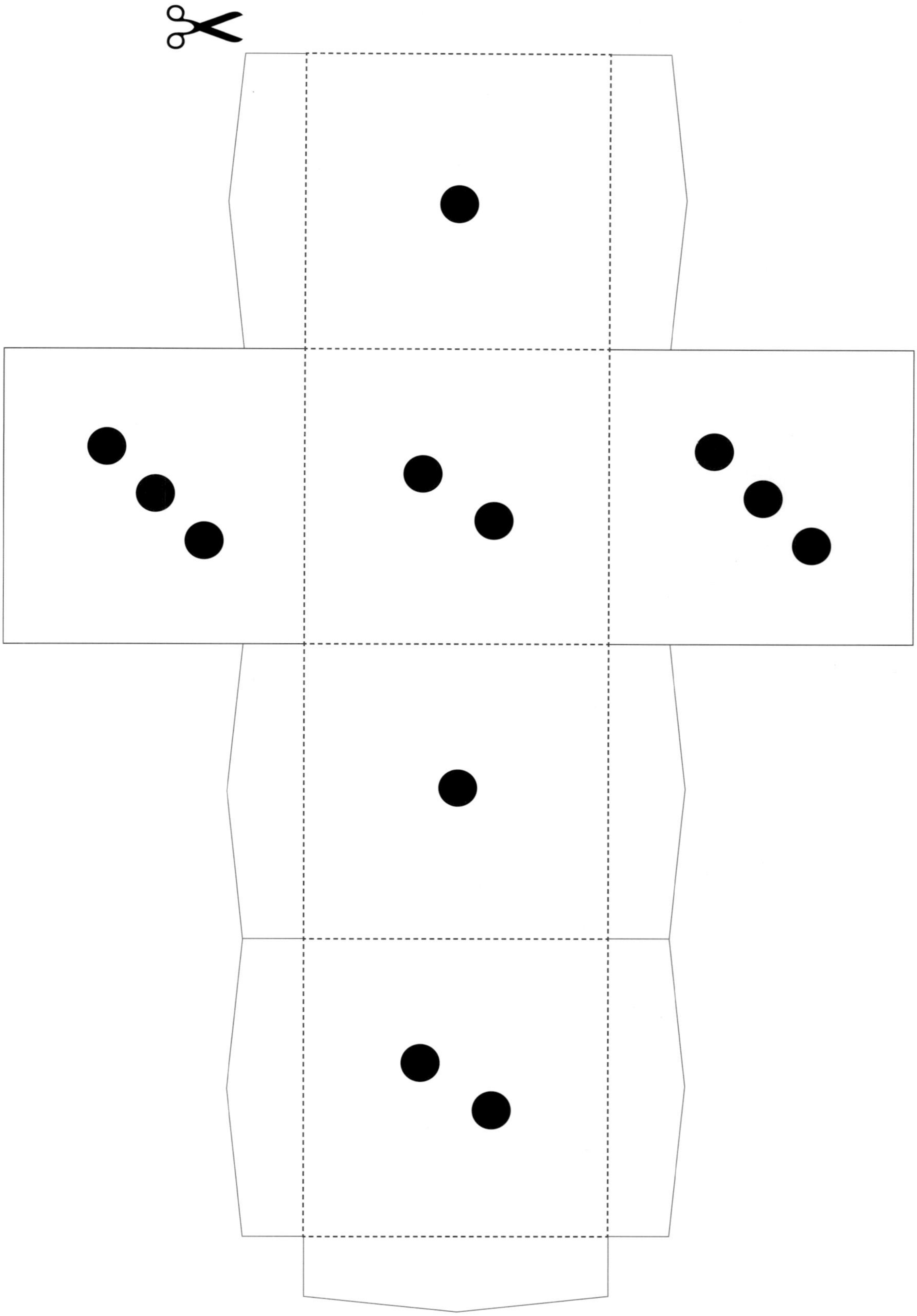

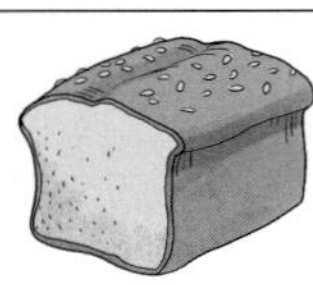	

	_ _ _ _	Eles	Esel
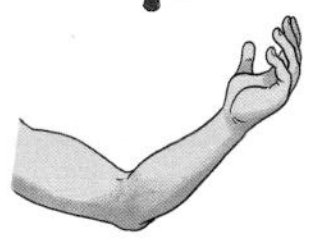	_ _ _	rAm	Arm
	W _ _ _ _ _	seras	Wasser
	_ _ _ _ _ _	Mssree	Messer
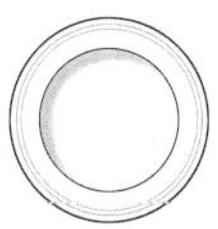	T _ _ _ _ _	eellr	Teller
	_ _ _ _ _ i	aaSlm	Salami
	_ _ _ _ _ _ _ d _	Marlamee	Marmelade

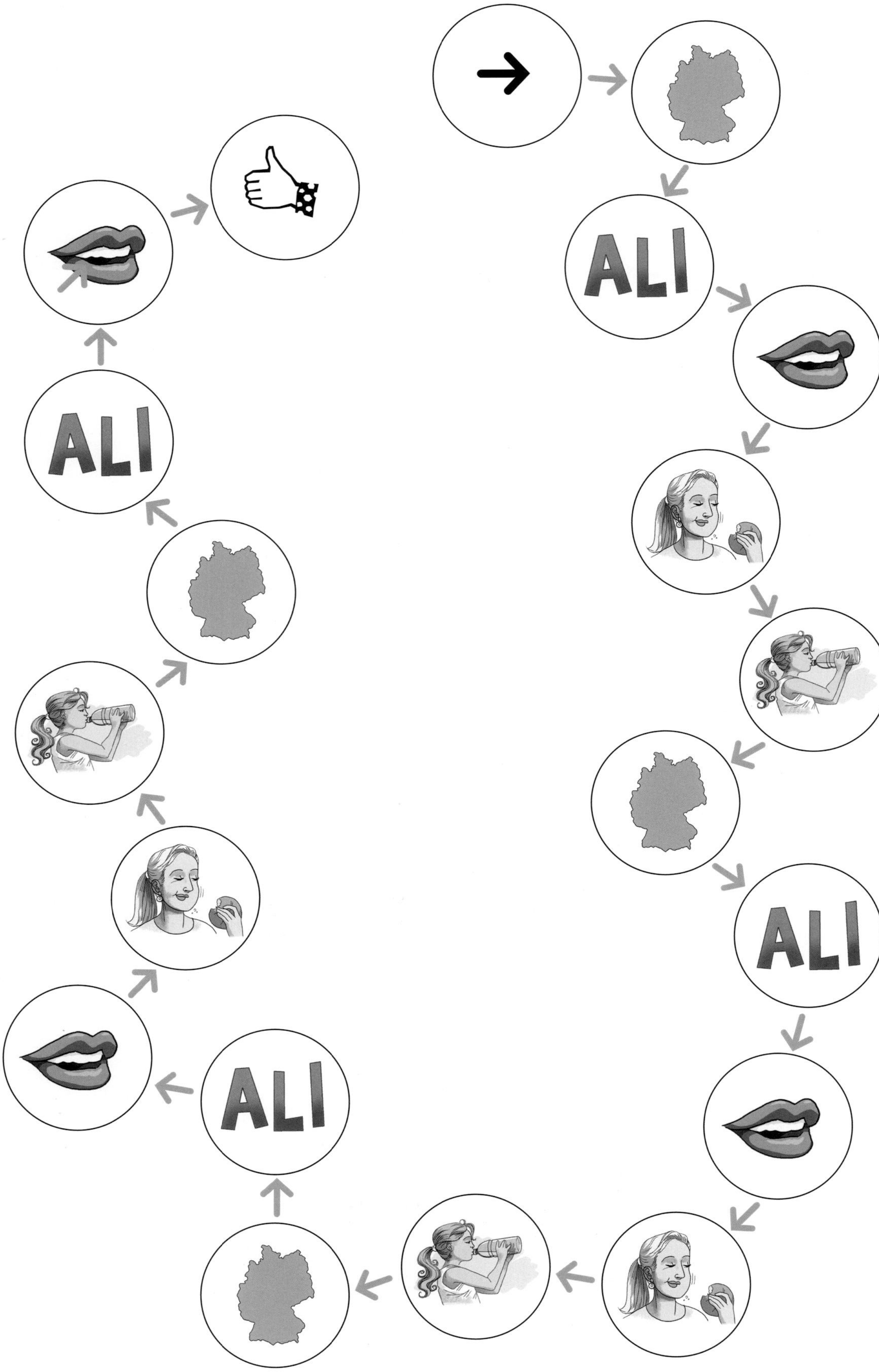

Cornelsen

F _ _ i _ i _ amle	Familie	_ p _ Oa	Opa
_ utt _ _ erM	Mutter	T _ cht _ _ reo	Tochter
V _ t _ _ aer	Vater	_ _ h _ Son	Sohn
_ _ _ amO	Oma		

Name:

Land:

Ort:

Kinder:

Laden

Dose

Mandel

Linsen

Salami

Sardine

Limonade

Sonntag	
Samstag	
Freitag	
Donnerstag	
Mittwoch	
Dienstag	
Montag	

Bingo

le	nen
fra	sen
ler	gen
gril	gen
sin	sen
es	len

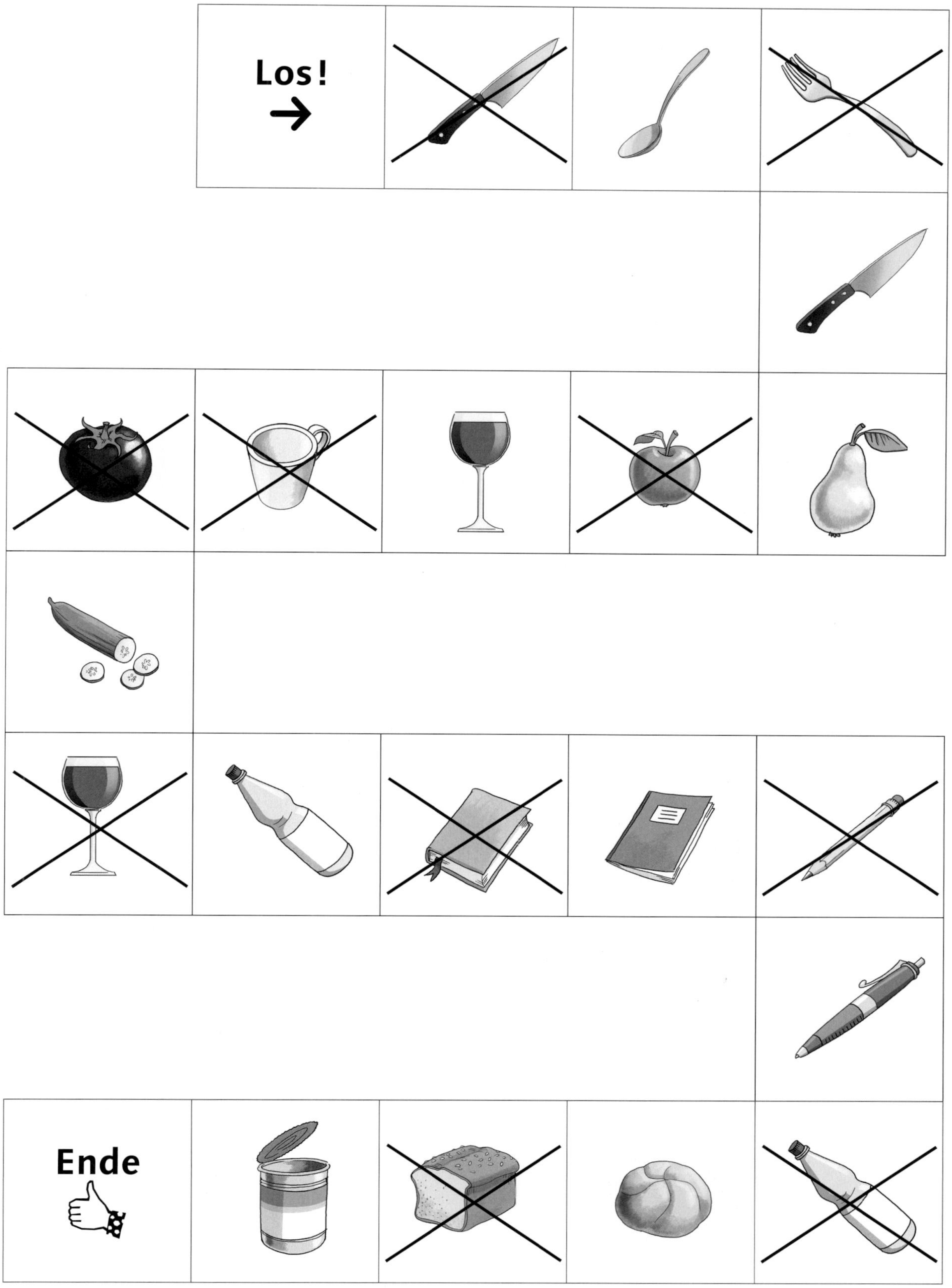
Los!
Ende

schwarz

blau

gelb

rot

braun

grün

---

schw__ __z

__lau

__ __ __b

__ __t

b__au__

__ __ü__

Getränke		Kleine Gerichte	
Wasser	3 €	Tomatensuppe	4 €
Saft	2 €	Salat mit Paprika und Tomaten	5 €
Tee	2 €	Pizza mit Tomaten	6 €
Kaffee	3 €	Pizza mit Salami	8 €

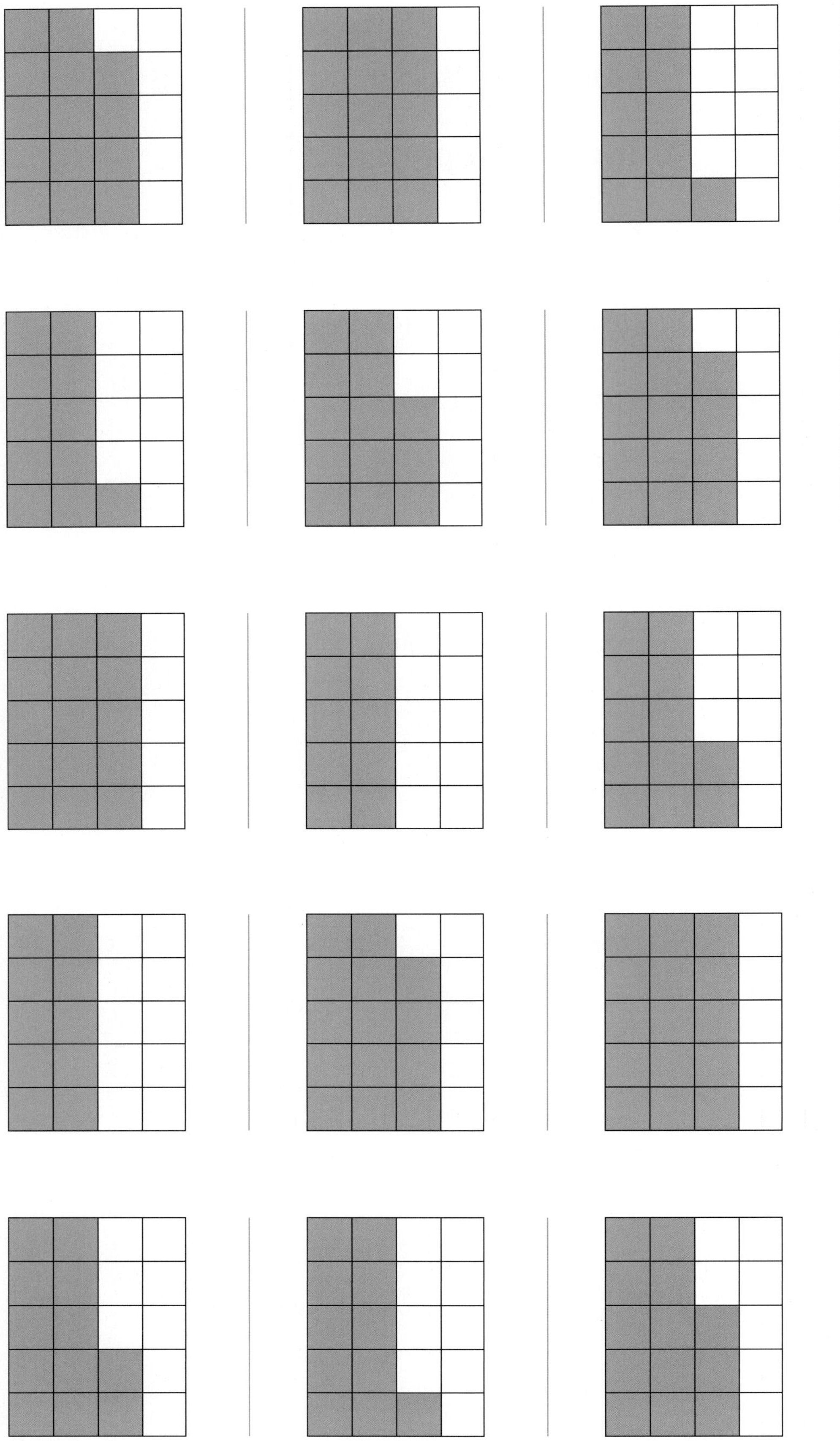

___ + ___ = ___

___ + ___ = ___

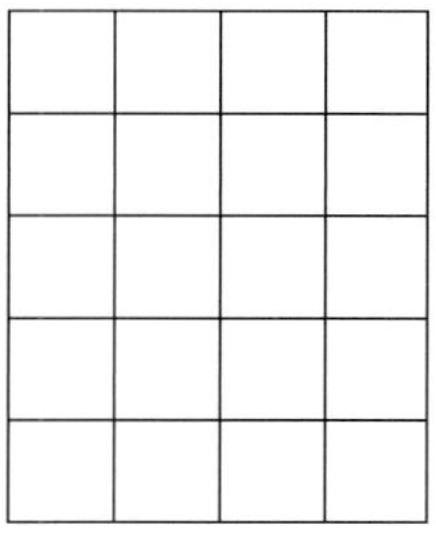

___ + ___ = ___

___ + ___ = ___

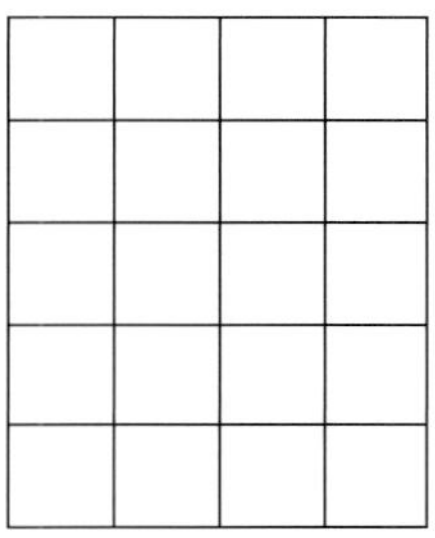

___ + ___ = ___

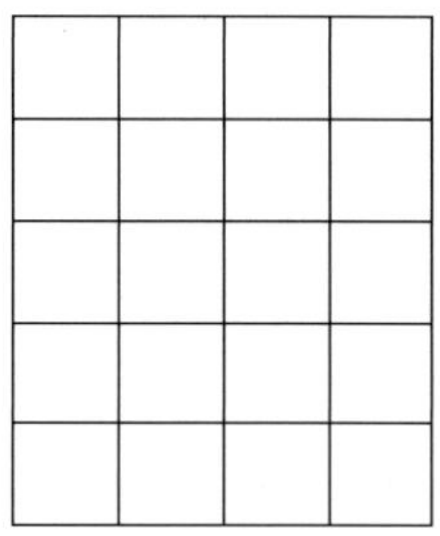

___ + ___ = ___

___ + ___ = ___

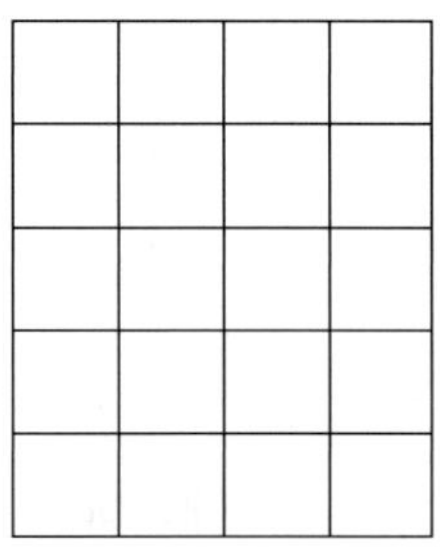

___ + ___ = ___

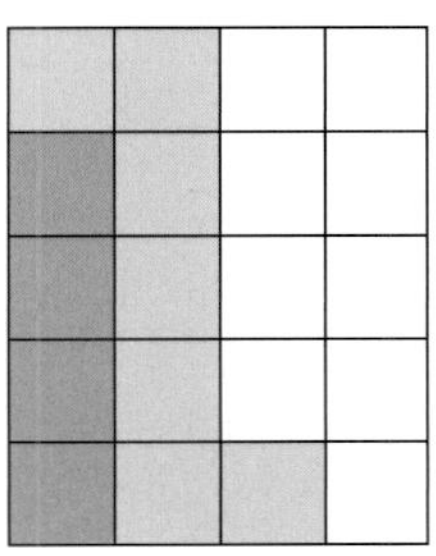

4 + 7 = 11

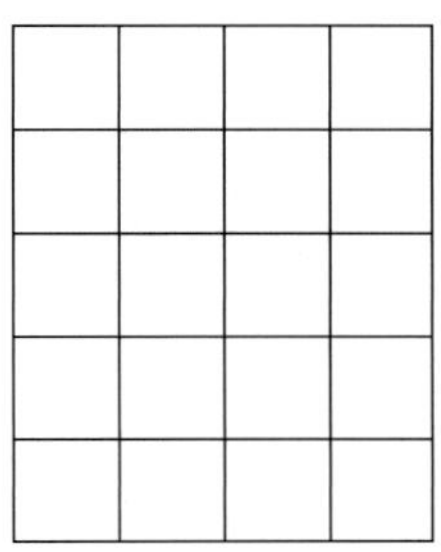

___ + ___ = ___

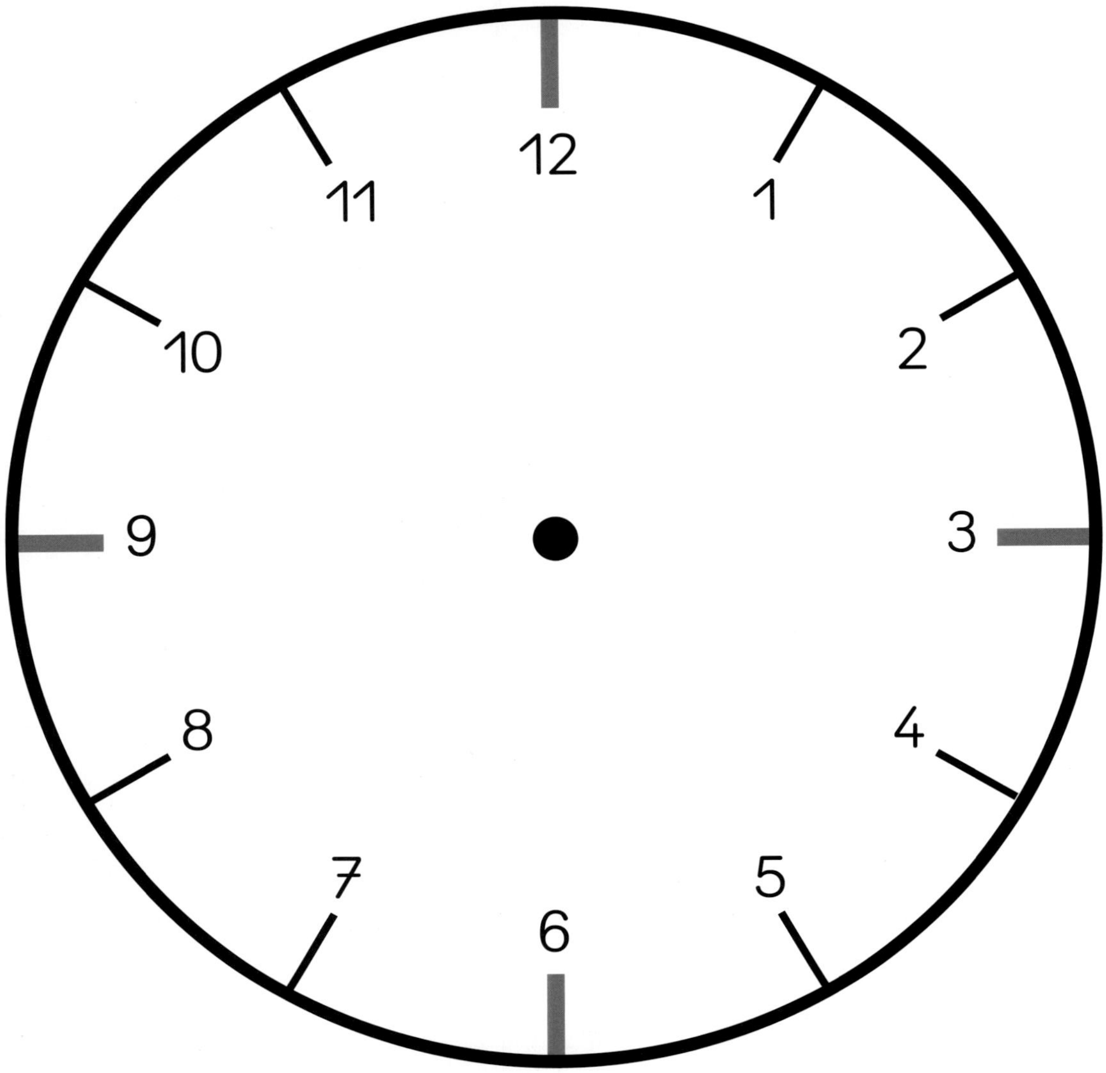
12
1
2
3
4
5
6
7
8
9
10
11

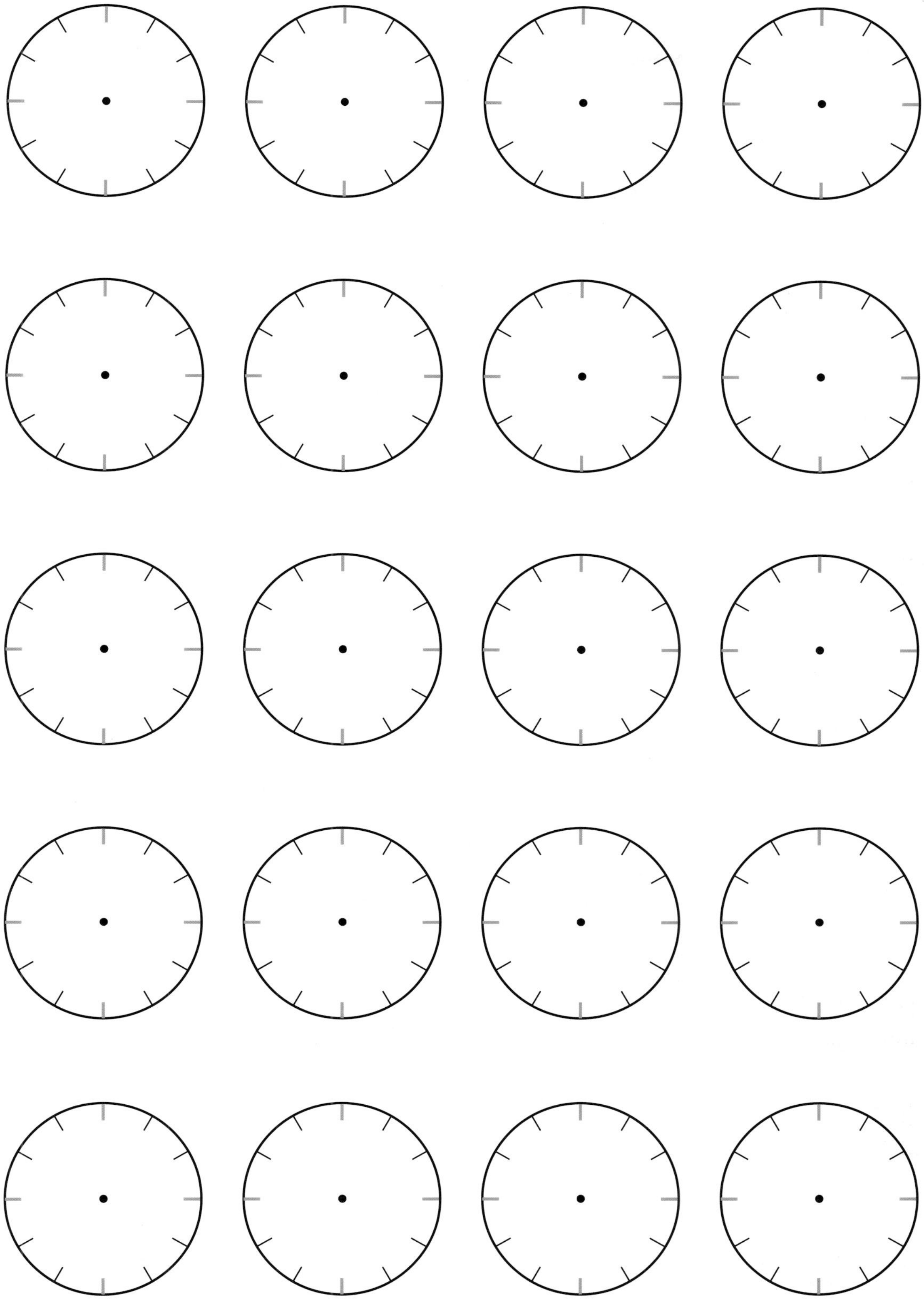

02:30	
09:15	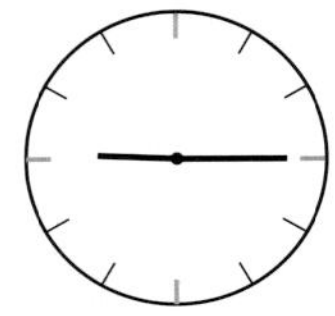
10:45	
05:30	
11:45	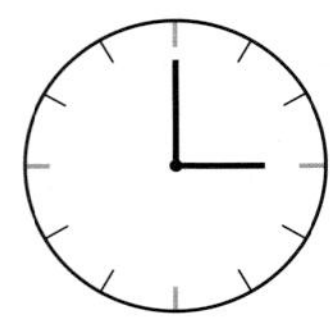
15:00	
19:15	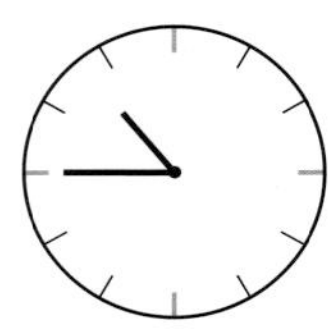
00:45	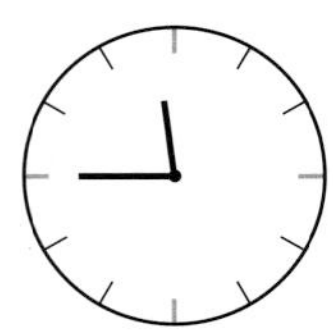
18:30	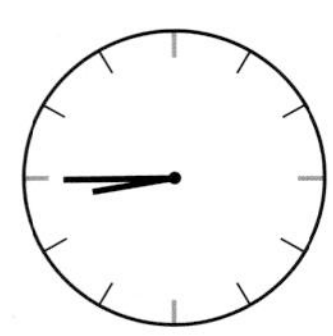
20:45	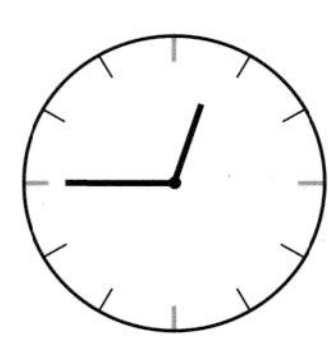

22

31

57

84

80

63

28

45

67

96

87

52

13

61

42

93

48

60

21

17

54

83

35

42

29

18

97

72

34

57

36

71

39

60

89

93

46

55

16

99

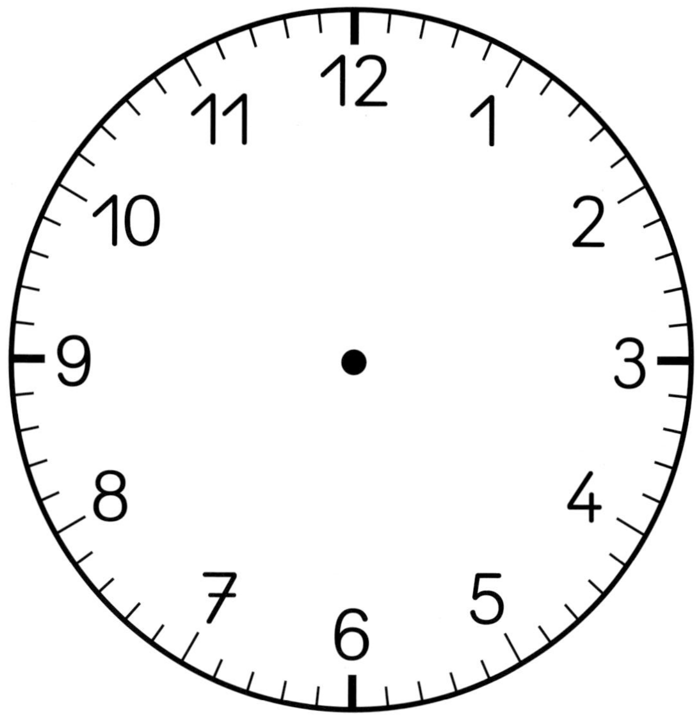

1 Jahr _____ Monate

1 Monat _____ oder _____ Tage

1 Woche _____ Tage

1 Tag _____ Stunden

1 Stunde _____ Minuten

KALENDER

Januar

Mo	Di	Mi	Do	Fr	Sa	So
	1	2	3	4	5	6
7	8	9	10	11	12	13
14	15	16	17	18	19	20
21	22	23	24	25	26	27
28	29	30	31			

Februar

Mo	Di	Mi	Do	Fr	Sa	So
				1	2	3
4	5	6	7	8	9	10
11	12	13	14	15	16	17
18	19	20	21	22	23	24
25	26	27	28			

März

Mo	Di	Mi	Do	Fr	Sa	So
					1	2
3	4	5	6	7	8	9
10	11	12	13	14	15	16
17	18	19	20	21	22	23
24	25	26	27	28	29	30
31						

April

Mo	Di	Mi	Do	Fr	Sa	So
	1	2	3	4	5	6
7	8	9	10	11	12	13
14	15	16	17	18	19	20
21	22	23	24	25	26	27
28	29	30				

Mai

Mo	Di	Mi	Do	Fr	Sa	So
			1	2	3	4
5	6	7	8	9	10	11
12	13	14	15	16	17	18
19	20	21	22	23	24	25
26	27	28	29	30	31	

Juni

Mo	Di	Mi	Do	Fr	Sa	So
						1
2	3	4	5	6	7	8
9	10	11	12	13	14	15
16	17	18	19	20	21	22
23	24	25	26	27	28	29
30						

Juli

Mo	Di	Mi	Do	Fr	Sa	So
	1	2	3	4	5	6
7	8	9	10	11	12	13
14	15	16	17	18	19	20
21	22	23	24	25	26	27
28	29	30	31			

August

Mo	Di	Mi	Do	Fr	Sa	So
				1	2	3
4	5	6	7	8	9	10
11	12	13	14	15	16	17
18	19	20	21	22	23	24
25	26	27	28	29	30	31

September

Mo	Di	Mi	Do	Fr	Sa	So
1	2	3	4	5	6	7
8	9	10	11	12	13	14
15	16	17	18	19	20	21
22	23	24	25	26	27	28
29	30					

Oktober

Mo	Di	Mi	Do	Fr	Sa	So
		1	2	3	4	5
6	7	8	9	10	11	12
13	14	15	16	17	18	19
20	21	22	23	24	25	26
27	28	29	30	31		

November

Mo	Di	Mi	Do	Fr	Sa	So
					1	2
3	4	5	6	7	8	9
10	11	12	13	14	15	16
17	18	19	20	21	22	23
24	25	26	27	28	29	30

Dezember

Mo	Di	Mi	Do	Fr	Sa	So
1	2	3	4	5	6	7
8	9	10	11	12	13	14
15	16	17	18	19	20	21
22	23	24	25	26	27	28
29	30	31				

Pau	se	
ler	nen	
Mo	nat	
lauf	fen	
Au	to	mat
Te	le	fon
Mi	nu	te
De	zem	ber
Po	li	zei

Januar	Februar	März
April	Mai	Juni
Juli	August	September
Oktober	November	Dezember

	der __ pf ____	der Apfel
	die __ irn __	die Birne
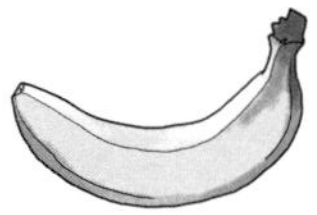	die B ______ ne	die Banane
	die __ ur ____	die Gurke
	die T ______ t __	die Tomate
	der S ________	der Salat
	die __ ar ____ ff ______	die Kartoffeln
	die M ______ ne	die Melone

Brot	Durst
Sahne	Mutter
Eis	Fahne
Butter	rot
Wurst	Kraft
Saft	Brei
Ei	Reis

Wir	an rufen	die Mutter heute Abend
Wir	auf stehen	um sieben Uhr
Wir	ab holen	unseren Sohn im Kindergarten
Wir	ein kaufen	auf dem Markt
Wir	fern sehen	am Abend

die Hose	die Bluse	das Kleid	das Hemd
die Schuhe	der Anzug	der Pulli	das T-Shirt
die Jacke	der Rock	die Socken	der Mantel

 der ______ ck

 das T-shi______

 das _________ d

 der ______ ll ___

 die ___ l _________

 die ______ ck ___

 die H_________

 die _________ u ______

 der A_________ g

 der _________ tel

 die S ___ ck ______

 das K_________ d

Cornelsen

Bingo

das Bett	das Hemd	der Teppich	der Tisch
der Rock	die Schuhe	die Lampe	der Pulli
das Sofa	der Herd	das Kleid	der Mantel
die Hose	der Sessel	das Regal	die Bluse

Ich w__ll spaz__ren gehen.

Das K__nd ist s__ben Jahre alt.

Telefon__ren w__r am D__nstag?

Tr__nkst du l__ber B__r oder Wasser?

S__ l__st einen Br__f.

Butter f__nden S__ h__nten rechts.

praxis	arzt	laden	markt	kasse
Arzt	Zahn	Gemüse	Super	Spar

hof	hafen	haltestelle	platz	haus
Bahn	Flug	Bus	Park	Kranken

Beispielwörter für deutsche Laute im Türkischen und Arabischen

Buchstaben-(gruppe)	deutsches Merkwort	Beispiel Türkisch	Beispiel Arabisch
a/A	der Arm	[araba] *das Auto*	[arnab] *der Hase*
m/M	der Mund	[mektup] *der Brief*	[minschar] *die Säge*
l/L	die Lippe	[limon] *die Zitrone*	[leimun] *die Zitrone*
e/E	der Elefant	[etek] *der Rock*	[efendi] *der Herr*
s/S	der Salat	[zeytin] *die Olive*	[zarafa] *die Giraffe*
r/R	das Radio	[radyo] *das Radio*	[ramla] *der Sand*
o/O	das Ohr	[okul] *die Schule*	[oman] *arab. Staat*
n/N	die Nase	[nehir] *der Fluss*	[nar] *das Feuer*
d/D	die Dose	[dudak] *die Lippe*	[dar] *das Haus*
i/I	der Igel	[inek] *die Kuh*	[insan] *der Mensch*
f/F	der Fuß	[fare] *die Maus*	[farascha] *der Schmetterling*
g/G	die Gabel	[gül] *die Rose*	[agadir] *arab. Stadt*
u/U	die Uhr	[umut] *die Hoffnung*	[umm] *die Mutter*
b/B	die Banane	[bal] *der Honig*	[baqra] *die Kuh*
t/T	die Tomate	[top] *der Ball*	[tabib] *der Arzt*
ei/Ei	das Eis	[ayna] *der Spiegel*	[ajdan] *auch, noch*
k/K	der Kopf	[kafa] *der Kopf*	[kola] *Coca-Cola*
w/W	die Wurst	[vatan] *die Heimat*	[watan] *die Heimat*
au/Au	das Auge	[avrupa] *Europa*	[aurak] *die Papiere*
p/P	die Paprika	[posta] *die Post*	[portakal] *die Orange*
z/Z	der Zahn	[kutsal] *heilig*	[fitsan] *ertrunken*
ä/Ä	die Äpfel	[elma] *der Apfel*	[elmas] *der Diamant*
h/H	die Hose	[halstane] *das Krankenhaus*	[hawa] *die Luft*
v/V	der Vogel	*[fare] die Maus*	[fil] *der Elefant*
ö/Ö	das Öl	[ördek] die Ente	–
j/J	der Joghurt	[yemek] *das Essen*	[jasmin] *der Jasmin*
sch/Sch	die Schokolade	[şeker] *der Zucker*	[schunta] *die Tasche*
ü/Ü	die Bücher	[üzüm] *die Weintraube*	–
st/St	der Stuhl	[enişte] *der Schwager*	[muschtarak] *gemeinsam*
sp/Sp	der Sport	[Başparmak] *der Zeigefinger*	–
äu/Äu	die Häuser	[oyun] *das Spiel*	–
eu/Eu	der Euro	[oy] *die Stimme (bei Wahlen)*	–
ch/Ch	die Milch/das Buch	[[ihtiyar] *alt*	[chaima] *die Hütte*
ie	das Knie	[iyi] *gut*	[nießen] der *April*
c/C	der Computer	[komple] *komplett*	[kamus] *das Wörtebuch*
ck	der Rücken	[kilo] *das Kilo*	[kilo] *das Kilo*
ß	die Straße	[su] *das Wasser*	[sawwaq] *der Fahrer*
qu/Qu	die Qualle	[kulak] *das Ohr*	[qumasch] *der Stoff, das Tuch*
x/X	das Taxi	[taksi] *das Taxi*	[taksi] *das Taxi*
y/Y	das Handy	[yol] *der Weg*	[jamani] *jemenitisch*